kaffee

vom schmuggelgut zum lifestyle-klassiker

Café Kranzler am Kurfürstendamm, 1958

peter lummel (hrsg.)

kaffee

vom schmuggelgut zum lifestyle-klassiker
drei jahrhunderte berliner kaffeekultur

be.bra verlag
berlin.brandenburg

Herausgegeben von Peter Lummel
in Zusammenarbeit mit dem Verein der Freunde der Domäne Dahlem,
dem Freilichtmuseum Domäne Dahlem / Stiftung Stadtmuseum Berlin
und der Sammlung Eduscho Bremen / Hamburg.

Dahlemer Materialien 6.
Schriftenreihe des Freilichtmuseums Domäne Dahlem.

Freilichtmuseum Domäne Dahlem
Königin-Luise-Straße 49
14195 Berlin
www.domaene-dahlem.de
kontakt@domaene-dahlem.de

Die Deutsche Bibliothek – CIP-Einheitsaufnahme

Kaffee – vom Schmuggelgut zum Lifestyle-Klassiker :
drei Jahrhunderte Berliner Kaffeekultur /
Hrsg.: Peter Lummel. – be.bra-Verl., 2002
ISBN 3-930863-91-X

© be.bra verlag GmbH
Berlin-Brandenburg 2002
KulturBrauerei Haus S
Schönhauser Allee 37, 10435 Berlin
www.bebraverlag.de
E-Mail: info@bebraverlag.de
Lektorat: Christian Härtel, be.bra verlag, Berlin
Redaktion: Jacqueline Jancke / Peter Lummel, Berlin
Titelbild: Café Möhring in Berlin Charlottenburg,
1993 / Landesarchiv Berlin
Gesamtgestaltung: gold, Berlin
Schrift: Bauer Bodoni, Folio 9 pt / 6 pt
Druck und Bindung: Jütte-Messedruck Leipzig GmbH
ISBN 3-930863-91-X

inhalt

vorwort

Kaffee ist *das* Trend-Getränk. 90 % aller erwachsenen Deutschen trinken den schwarzen Muntermacher täglich und offensichtlich mit steigendem Genuß. Das Geschäft mit den Kaffeespezialitäten boomt.

In Berlin spielte und spielt Kaffee eine ganz besondere Rolle. Heute schießen schicke und sehr moderne Cafés vor allem in der historischen Mitte wie Pilze aus dem Boden. Berlin ist unbestritten zur Caféhauptstadt Deutschlands geworden.

Das vorliegende Buch ist im Zusammenhang mit dem gleichnamigen Ausstellungsprojekt des Freilichtmuseums Domäne Dahlem / Stiftung Stadtmuseum Berlin und der Sammlung Eduscho Bremen / Hamburg entstanden. Ausstellung und Buch werden erstmals ein facettenreiches Bild vermitteln zur dreihundertjährigen Kulturgeschichte des Kaffees im ehemaligen Preußen, im geteilten Deutschland und vor allem in Berlin, und zwar insbesondere aus der Sicht der Kaffeetrinker.

Wer waren die preußischen Kaffeeriecher und warum hat Friedrich der Große versucht, das Kaffeetrinken einzudämmen? Wie hieß das erste Berliner Café und ab wann konnten Frauen ohne Männerbegleitung dorthin gehen? Wie und warum wird Kaffee in der Arbeitswelt, in Fabrikkantinen oder den heutigen Dienstleistungsbüros getrunken? Worin lagen im geteilten Deutschland die Unterschiede zwischen Tchibos Goldmokka und „Erichs Krönung"? Eine Fotoreportage zur aktuellen Vielfalt der Berliner Cafés mit einem Essay zur heutigen Kaffeehauskultur und eine Chronologie der Berliner Kaffeegeschichte runden das Buch ab.

Das Buch ist ein Gemeinschaftswerk. Ich möchte mich an erster Stelle bei allen Autorinnen und Autoren sowie bei dem Redaktionsteam und dem Verleger Ulrich Hopp vom be.bra verlag für das engagierte Mitwirken bedanken. Darüber hinaus halfen viele Institutionen und Personen bei der Bereitstellung der Bildvorlagen mit. An erster Stelle seien die Sammlung Eduscho Bremen / Hamburg sowie die Kolleginnen und Kollegen aus dem Stadtmuseum Berlin genannt; von beiden Institutionen stammt der Hauptteil der Abbildungen. Daneben möchte ich mich auf das herzlichste bei folgenden Berliner Institutionen und Personen bedanken: Bildarchiv Preußischer Kulturbesitz, Botanischer Garten, Brücke-Museum, Deutsches Historisches Museum, Geheimes Staatsarchiv Preußischer Kulturbesitz, Landesarchiv Berlin, Ulrike Thoms, SMBPK Kunstbibliothek, SMBPK Museum Europäischer Kulturen sowie beim Dokumentationszentrum DDR-Kultur, Eisenhüttenstadt, beim Museum Ludwig Köln und der Galerie Michael Werner Köln und New York, beim Siemens-Archiv München, bei der Stiftung Preußische Schlösser und Gärten Berlin-Brandenburg in Potsdam und bei der Universitätsbibliothek der Universität Münster.

Peter Lummel

*Kaffeegeschäft der Fa. Carl A. Büttner,
Kaffeerösterei und Teeimport in der
Bayreuther Str. 34 in Schöneberg, 1964*

ulla heise

kaffee

die primadonna unter den kulturpflanzen

Kaffee – das zweitwichtigste legale Welthandelsprodukt nach Erdöl – wird heute in 70 Ländern rund um den Äquator angebaut und in über 100 Ländern getrunken. Etwa 25 Millionen Menschen sind weltweit mit Anbau, Transport, Verarbeitung und Vertrieb beschäftigt, die meisten davon in den Kaffeegärten der Kleinbauern oder auf den Großplantagen in den Erzeugerländern.

Die Nützlichkeit des immergrünen hochwachsenden Strauches mit schneeweißen Blüten und tiefroten Kirschen ist im Ursprungsland der wildwachsenden Pflanze, im Hochland von Äthiopien, vermutlich seit undenklichen Zeiten bekannt. Die Kirschen wurden roh verzehrt (z.B. von der einheimischen Bevölkerung der Oromo) oder zur Herstellung von Breien oder vergorenen Getränken genutzt.

Unbekannt ist bis heute, wann und wem die Kaffeebohne ihr eigentliches Duft- und Aromageheimnis zuerst preisgegeben hat: Ein brennender Kaffeestrauch oder zufällig ins Feuer gefallene Kaffeesamen sollen – eine von vielen Legenden vom Ursprung des Getränkes – gebildete Mönche in Äthiopien im 14. Jahrhundert darauf gebracht haben, den zweigeteilten Kirschkern (Bohne) über Feuer zu rösten, abzukühlen, zu mörsern und mit heißem Wasser zu vermischen. Das ideale Getränk war entdeckt, um sich bei nächtlichen Exerzitien und Gebeten besser wach halten zu können!

Herr und Frau Immerdurst, farbige Radierung, um 1835

Wir wissen bisher nicht, wer die Kenntnisse über das Rösten der Bohnen und die ersten Kaffeesamen oder -pflänzchen zur Kultivierung in den Süden der arabischen Halbinsel brachte. Waren es kaffeetrinkende äthiopische Invasoren, die nach Arabia Felix übersetzten? Waren es sufische Gemeinschaften, die den wachhaltenden Kaffee als religiöses Zeremonialgetränk in solchen Mengen brauchten, dass sich der Anbau in heimischer Erde lohnte?

Vor kurzem soll bei archäologischen Grabungen in Julfar (Emirat Ras al-Kaimah) eine geröstete Kaffeebohne in einer Schicht des 12. Jahrhunderts gefunden worden sein. Wird dies bei den zukünftigen Grabungen mit weiteren Funden bestätigt, kann die *Primadonna Coffea* auf das ehrwürdige Alter von 900 Jahren zurückblicken!

Bis jetzt steht allerdings nur fest, dass sich das Kaffeetrinken vom Südjemen ausgehend in einem Siegeszug zwischen 1450 und 1600 in der gesamten islamischen Kulturwelt ausbreitete. Innerhalb von 150 Jahren avancierte der Bohnenaufguss zwischen Aden, Istanbul und Kairo vom sufischen Zeremonialgetränk zum allgegenwärtigen Volksgetränk. Aufgrund des hohen Akzeptanzwertes als nichtalkoholisches Getränk – Weingenuss ist nach islamischer Gesetzgebung bekanntlich verboten – konnte sich jeder Muslim (vom arabischen Wüstenbewohner bis zum türkischen Sultan) problemlos dem neuen Genuss hingeben. Gastfreundschaftsrituale, Besuchs- und Höflichkeitszeremonien waren ohne Kaffee bald nicht mehr denkbar. Das Kaffeehaus entstand ab Mitte des 16. Jahrhunderts als Ort der Zerstreuung, Unterhaltung und Bildung. In allen orientalischen Kaffeehäusern traten gewerbsmäßige Unterhalter (Meddahs) oder Sänger auf, die Lied- oder Sagengut weitertrugen mit dem Ziel, das Wissen um historische Ereignisse und Zusammenhänge im kollektiven Gedächtnis zu bewahren.

All dies blieb bis kurz vor 1600 außerhalb des osmanischen Einflussgebietes nahezu unbekannt. Nur die Venezianer, die mit ihrer Handelsflotte das Mittelmeer befuhren, erfuhren vom Kaffee schon vorher dort, wo sie mit ihren Schiffen ankerten. Im Jahre 1624 jedenfalls legte das erste mit Kaffeesäcken vollbeladene Schiff in der Lagunenstadt an, und 1645 wurde das erste *Caffè* am Markusplatz eröffnet.

Als um 1600 zunehmend Meldungen und *gewürtzproben* des im Orient aus gerösteten Bohnen hergestellten *schwartzen Wassers* in Europa eintrafen, ahnte wohl niemand, dass Duft und Dampf dieses aromatischen, nicht-alkoholischen Aufgussgetränks für Europa und Amerika den „Beginn einer wundervollen Freundschaft" markierte, der die „Säuferjahrhunderte" ablöste und die aufklärerisch-emanzipatorische Entwicklung des Bürgertums im 17. und 18. Jahrhundert enorm beflügeln sollte. Der Siegeszug des Kaffees löste in vielen wirtschaftspolitischen, gewerblichen, technischen, sozialen und kulturellen Bereichen seit 1700 gewaltige Veränderungen aus.

Durch alle Stände hindurch, von der Waschfrau bis zum Landesherrn, bemächtigte sich Europa zwischen 1650 und 1800 des neumodischen Heißgetränkes. Nach den Venezianern waren es zunächst die Engländer (und nicht, wie häufig angenommen, die Wiener): Zwischen 1652 und 1690 wurden in London über 2 000 *Coffee Houses, Coffee Shops* und *Coffee Stalls* eröffnet!

Kaum waren die Türken vor Wien und anderswo geschlagen, gab man sich dem *Türkentranck* hin und schwelgte bei Hofe in Turkomanie. Schon 1703 stellte eine französische Kaffee-Kantate nur noch lakonisch fest: *Cafee, dein recht flücht'ges Feuer, ist der gantzen Welt bekannt.*

*Kippdampfdruck-Kaffeemaschine
aus Neusilber und Porzellan
(Patent Eicke Berlin 1878), um 1900*

Im Kaffeehaus nach der Redeschlacht. Holzstich von Friedrich Stahl, 1887.

In Deutschland wird seit etwa 1680 Kaffee getrunken, zuerst in den Städten, danach auf dem Lande. Röstgeräte, Kaffeemühlen und Kaffeegeschirr aus Porzellan oder Keramik waren ab 1750 in nahezu jedem städtischen, ab 1850 in jedem bäuerlichen Haushalt vorhanden. Im Unterschied zur Röstpfanne war die Kaffeemühle bis vor wenigen Jahrzehnten in jeder Küche zu finden. Zwischen 1700 und 1950 wurden handbetriebene Kaffeemühlen – hunderttausendfach fabriziert – an die Wand gehängt (Wandmühle), zwischen die Knie geklemmt (Schoßmühle), mit den Fingern festgehalten (Handmühle) oder am Küchentisch festgeschraubt (Tischmühle). Heute werden sie auf Flohmärkten gehandelt und in Museen ausgestellt.

Die seit über 1000 Jahren übliche Morgensuppe wurde innerhalb von 150 Jahren vom Morgenkaffee abgelöst. Voraussetzung für diesen zweiten Siegeszug des Kaffees vom Modetrank des 17./18. Jahrhunderts zum Alltagsgetränk aller sozialen Schichten nach 1800 war in Europa die Ersetzbarkeit und „Verlängerung" durch Surrogate.

Da die deutschen Kleinstaaten im 18. Jahrhundert keine eigenen Kolonien, also keinen direkten Zugang zum Rohkaffee hatten, dachten sich die Wirtschaftsfachleute damaliger Zeiten etwas ganz Besonderes aus: Da Rohkaffee im 18. Jahrhundert eine teure Importware war, für die wertvolle Devisen außer Landes gingen, wollte der Staat durch massive Steuererhebung den Konsum einschränken oder wenigstens mitverdienen am „Kaffeelaster" seiner Untertanen. König Friedrich II. ordnete also Kaffee-Enthaltsamkeit für die ärmeren Schichten an.

Wer keinen „echten" Kaffee hatte, trank Ersatzkaffee, der ab etwa 1775 industriell hergestellt wurde. Die Kaffee-Ersatz-Industrie blühte entsprechend zuerst in Preußen, nach 1800 auch in Frankreich und Belgien auf. Kaffeeverknappung oder Handelseinschränkungen in Kriegs- und Nachkriegszeiten förderten die Surrogatproduktion. Im Jahr 1918 gab es in Deutschland mehr als 400 verschiedene Sorten von Ersatz- und Mischkaffees. In den meisten Familien, bei Fabrik- und Landarbeitern stand der Surrogatkaffee aus Gerste, Roggen oder Zichorie über die Jahrhunderte hinweg weit häufiger

Sie sitzen um
Den Kaffeltisch
Und sprechen
Von Liebe viel.

Postkarte, um 1900

auf dem Tisch, als reiner, „echter" Kaffee. Nur sonntags, bei ländlichen Familienfesten oder wenn Besuch kam, wurde das gute Porzellan aus dem Schrank geholt und „guter", d.h. Bohnenkaffee als „Besuchskaffee" zubereitet. Für die Kaffeetrinker, die sich kein komplettes Porzellanservice auf einmal leisten konnten, entwickelten die Porzellanmanufakturen nach 1850 die Sammeltasse (Tasse, Untertasse, Kuchenteller). Schon vorher gab es in unterschiedlichster Weise verzierte einzelne Kaffeetrinkgefäße als Geschenk- und Andenkenartikel.

Henkelbecher (Kaffeepötte) – immer ohne Untertasse – sind die Sammel- und Verschenkobjekte unserer Zeit. Als Massenartikel zuerst in den USA (1930er Jahre) aufgekommen, finden sie seit Anfang der 1970er Jahre auch in Deutschland zunehmend Verbreitung. Kaffeetasse mit Untertasse ist *out* – Henkelbecher mit markiger oder witziger Aufschrift ist *in*. Im deutschen Büro- und Angestellten-Alltag ist der Kaffee-Henkelbecher heute unaufhaltsam auf dem Vormarsch.

Und das Kaffeehaus? Hundertfach totgesagt und immer wieder neu erstanden: Deutschlands erste Kaffeehaus-Konzession wurde 1673 in Bremen an einen Holländer vergeben, die zweite 1677 in Hamburg an einen Engländer. An der Wende vom 17. zum 18. Jahrhundert wurden die meisten Kaffeeschankstuben in Deutschland von Ausländern eröffnet – u. a. 1692 in Dessau von einer portugiesischen jüdischen Witwe, 1696 in Rastenberg/Thüringen von einem Italiener namens Frantz Minetti, im Jahre 1722 in Berlin von dem *Mohren Monsieur Olivier*. Um 1750 gab es in jeder größeren deutschen Stadt mehrere Kaffeestuben, um 1800 feine Café-Konditoreien, um 1900 großartige Café-Restaurants mit Schlosscharakter. Der gegenwärtige Trend zum „lifestyligen" Coffeeshop beweist nichts anderes, als dass das Kaffeehaus zwar wieder einmal die Kulissen und gewisse Serviceformen geändert hat, sich aber als Ort der Begegnung und Kommunikation größter Beliebtheit erfreut.

Kaffee ist der Deutschen liebstes Getränk, im Pro-Kopf-Verbrauch rangiert der Kaffee noch vor Bier oder alkoholfreien Kaltgetränken. Der Bundesfinanzminister kassiert in Deutschland pro Jahr etwa eine Milliarde Euro an Kaffeesteuer. Wer hätte das gedacht?

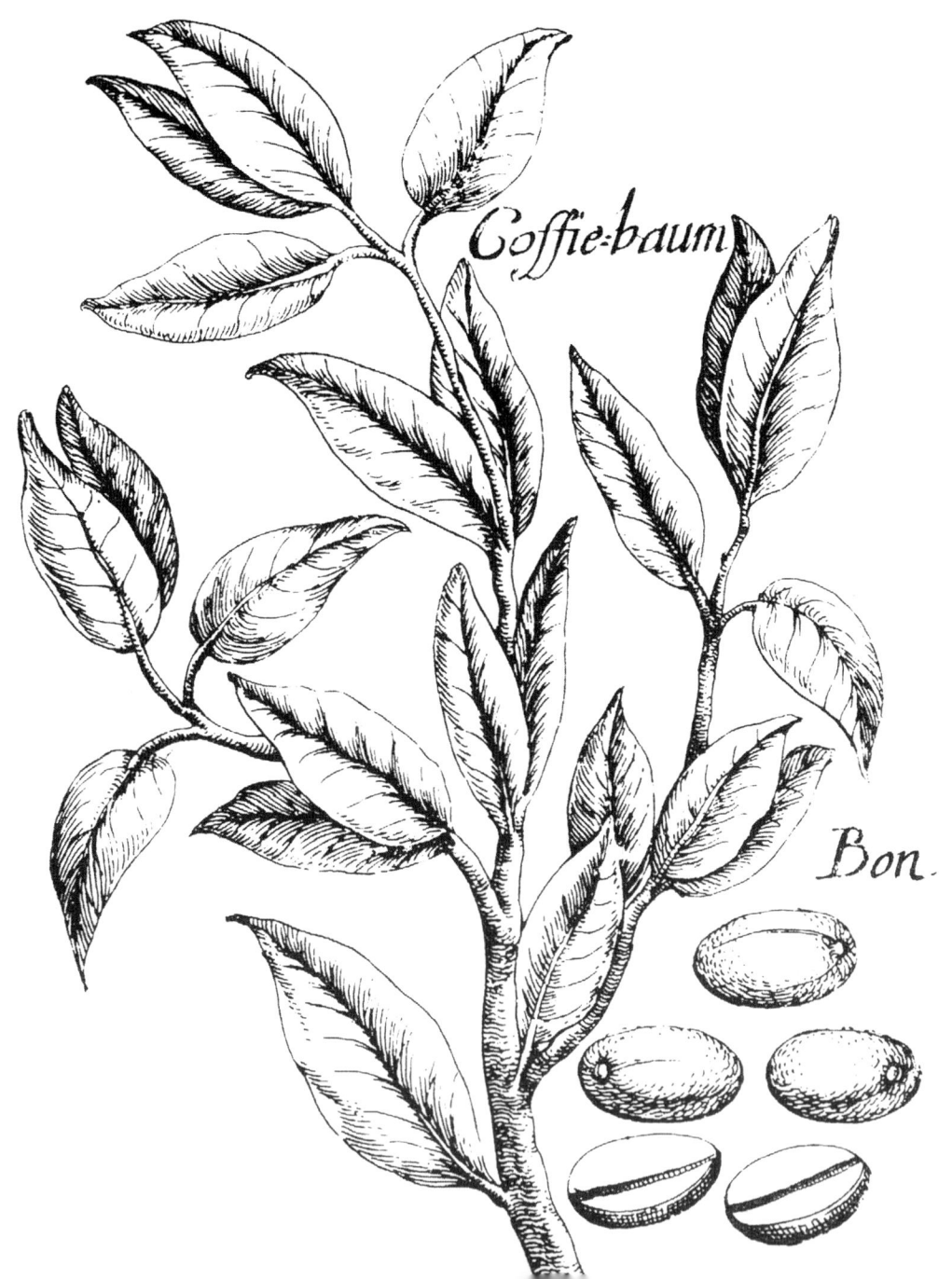

susanne keunecke

von schmugglern
und kaffeeriechern

die anfänge des kaffees in berlin

Die erste Abbildung einer Kaffeepflanze in Berlin erschien 1682 im *Diaeticon* des kurfürst-lichen Leibarztes Johann Sigismund Elsholtz.[1] Am Hofe Friedrich Wilhelms hatte man Kaffee bereits 1675 kuriositätshalber gekostet. Der um 1680 zum Leibarzt berufene Niederländer Bontekoe mag dort zu dessen Verbreitung beigetragen haben, da er den exzessiven Genuss von täglich zehn bis 50 Tassen zu therapeutischen Zwecken propagierte.[2] Sein Kollege Els-holtz führt 1682 Kaffee unter den neumodischen *Außländischen Schlürff-tränke(n)* auf und gibt an, dass diese Getränke *anfangen / nicht allein in Holland / sondern auch unsers orts unter den Grossen bekand zu werden*.[3] Er beschreibt ferner, dass es in Paris, London und Amsterdam öffentliche Läden gäbe, wo man ihn trinken könne – Berlin oder andere deutsche Orte werden nicht genannt.[4]

Der Große Kurfürst galt als einer der ersten Liebhaber dieser neuen Getränke und seine zweite Ehefrau soll sich ihres Stiefsohnes angeblich mittels einer mit Gift versetzten Tasse Kaffee entledigt haben.[5] Vom Kaffeegenuss in bürgerlichen, vornehmlich hugenottischen Kreisen Berlins Ende des 17. Jahrhunderts berichten Erman und Reclam: *Der Kaffee war damals ein ausgefallener Luxusartikel. Noch um die Wende zum 18. Jahrhundert kannte man nur den Schluck Kaffee am Morgen, und selbst der war so teuer, dass die meisten Menschen ihn sich nicht leisten konnten: Ein Pfund kostete einen Taler! Ganz kleine japa-nische Tässchen, die es noch in einigen alten Häusern von Réfugiés gibt, und auch Erzäh-lungen unserer ältesten Kolonisten bezeugen, wie unendlich kostbar dieses Getränk einst war ...*[6]

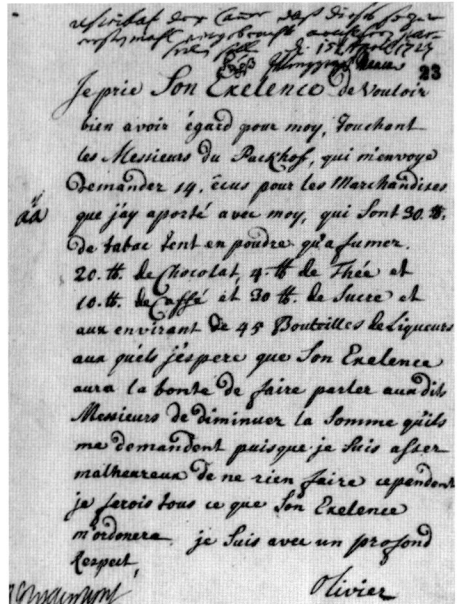

Nachdem 1647 in Venedig das erste Kaffeehaus Europas eröffnet hatte, folgten dem Beispiel die Metropolen und Handelsstädte London 1652, Marseille 1659, Den Haag 1664 und Paris 1666. In Deutschland gab es die ersten Kaffeehäuser in Bremen 1673, Hamburg 1677, Würzburg 1696 und Leipzig 1694.[7] Für Berlin ließ sich für 1697 der älteste Nachweis über einen Kaffee- und Teeschenken, Frantz Bernison, gebürtig aus Macon in Frankreich, finden.[8] Im Berliner Bürgerbuch werden 1704 der Kaffeeschenk Gottfried Kartschauk aus Schlesien, 1709 ein Martin Hübener aus Radeberg bei Dresden und 1712 der aus Venedig stammende Tee- und Kaffeeschenk Michel Angelo Fabris aufgeführt.[9] Es gibt jedoch keinen konkreten Nachweis über die Existenz von Kaffeehäusern zu diesem Zeitpunkt. Möglicherweise waren die Berliner Kaffeeschenken nur Angestellte am Hofe oder in höfischen Kreisen.

Das erste Berliner Kaffeehaus lässt sich erst 1722 archivalisch nachweisen. In allgemeingültiger Art und Weise wird von Kaffeehäusern bereits in einer Verordnung von 1703 gesprochen.[10] Ein Jahr später werden der Kaffeekonsum und die Einrichtung von Kaffeehäusern eigens Thema eines königlichen Patentes, als am 20. September 1704 eine Konsumsteuer für die neuen Modegetränke in allen preußischen Provinzen erlassen wird.[11] Gleichzeitig wird die beabsichtigte Gründung von privilegierten Kaffeehäusern mitgeteilt: *So wollen auch allerhöchst gedachte Se. Königl. Majestät, was die öffentliche Thée- und Coffée-Schenken betrifft, in nachfolgenden Städten, als in hiesigen Residentzien … gewiße Leute ansetzen, und solche über den Thée- und Coffée-Schanck privilegiren …*[12]

Einige Jahre später wird in einem Patent vom 5. Mai 1709 verfügt, dass niemand ohne ein Zeugnis über seinen guten Lebenswandel und die Erlaubnis des örtlichen Magistrats ein Kaffee-, Tee-, Spiel-Haus oder Kabarett einrichten dürfe.[13] Zwecks Rekrutierung des ersten Berliner Königlichen Kaffeehauswirtes wartete man nicht auf die erst besten Kandidaten.

Man beauftragte eigens den Gesandten Meinertzhagen in Den Haag, wo die Kaffeehaus-kultur ja bereits seit Jahrzehnten in Blüte stand, einen königlich-preußischen *Coffetier* zu werben.[14] Ähnlich wie bei den Erstgründungen andern Orts, wählte man auch hier einen fremdländischen, exotisch erscheinenden Kaffeehauswirt[15] – den *Mohren Monsieur Olivier*.[16] Am 10. August 1722 wurde dem holländischen, frankophonen Cafétier Olivier das Privileg zur Betreibung eines königlichen Kaffeehauses ausgestellt.

Vereinbart wurde, dass Olivier jedem Gast gute Waren, seien es Getränke, Liköre, Erfri-schungen oder andere Sachen, anbieten müsse. Ihm wurde ein Jahresgehalt von 200 Talern garantiert. Man bezahlte 100 Taler für seine Reisekosten und den Transport seiner Möbel und seines Billard und bot ihm freies Wohnen und die mietfreie Überlassung von Geschäfts-räumen, für deren Ausstattung der König sorgte. Olivier reiste am 2. Oktober von Den Haag ab und wählte den Reiseweg über Amsterdam und Hamburg nach Berlin. Neben dem bereits erwähnten Billard brachte er mit: 39 Pfund Tabak, 20 Pfund Schokolade, 4 Pfund Tee, 10 Pfund Kaffee, 30 Pfund Zucker, 45 Flaschen Likör und 3 Dosen Porzellan.[17]

Für das erste Berliner Kaffeehaus wurde im Auftrag des Königs von September 1722 bis März 1723 eigens ein Neubau errichtet, der die stattliche Summe von 2 010 Taler kostete. Standort des Königlichen Kaffeehauses[18] war der Paradeplatz im Lustgarten, zwischen Hof-konditorei und Königlichem Waschhaus. Die Klientel, für die der Soldatenkönig es hatte ein-richten lassen, waren die Offiziere der Garnison, die hier, *au Coffé royal*, wie sie es nannten, in ihrer Freizeit Billard spielen und Erfrischungen zu sich nehmen durften.[19] Als 1747 das Café Royal dem Berliner Dom weichen musste,[20] wurde es Unter den Linden im östlichen Oberge-schoss des Marstalls, dem späteren Akademiegebäude (seit 1902 Standort der Staatsbi-bliothek) von Oliviers Erben Aubert und Brückner bis 1768 weitergeführt.

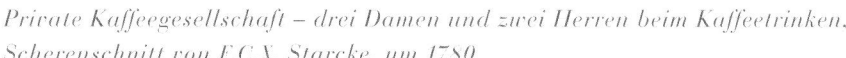

Private Kaffeegesellschaft – drei Damen und zwei Herren beim Kaffeetrinken,
Scherenschnitt von F.C.X. Starcke, um 1780

Links neben dem Prinz Heinrich Palais befand sich im Obergeschoß des Marstalls (mit einer heraushängenden Fahne) das Café Royal. Gemälde von Carl Traugott Fechelm, 1755/56

Aus der Frühzeit der Berliner Kaffeehäuser zu Anfang des 18. Jahrhunderts ist nur wenig mehr an Belegen aufzufinden. Gewiss ist, dass es um 1729 ein weiteres Kaffeehaus gab, das von dem *Coffetier Frocour* an unbekanntem Ort geführt wurde,[21] auch wird im selben Jahr *die Wohlgemuthin aus dem sog. Kayserlichen Coffee Haus* genannt.[22] Im Jahr 1769 waren bereits 13 Kaffeehäuser mit Billard etabliert. So gab es ein Italienisches Kaffeehaus (Bianchi als Wirt) an der Schleusenbrücke, ein Preußisches Kaffeehaus (Conrad) zwischen der Gertrauden- und Jungfernbrücke, ein Leipziger Kaffeehaus (v. Sanden), dem alten Packhof gegenüber, ferner Schmidt, dicht neben der Post, Fehr an der Ecke der Königs- und Jüdenstraße, Böhm in der Königsstraße, Hönold an der Ecke der Breiten Straße und des Schlossplatzes, Mehling auf dem Königl. Stalle in der Breiten Straße, Bernau, Dortü und Döbler auf der Stechbahn, und schließlich das Kaffeehaus Koch im Hilmerschen Hause an der Jägerbrücke. Außerdem befanden sich sieben Kaffeegärten in der Stadt: das Corsica vor dem Spandauer Tor in der Kirchhoffstraße, Sonnenberg in der Hamburger Straße, Schaub vor dem Stralauer Tor, Bernau vor dem Stralauer Tor in der Krautsgasse, Latomus in der Jerusalemer Straße, Würzer in der Lindenstraße und Justine in der Neuen Kommandantenstraße.

Nachricht an das Publicum.

Auszug aus der Königl. allergnädigsten Verordnung, de dato den 21. Januar 1781, den Verkauf des gebrannten Caffé betreffend.

Artickel 1.

Es ist allen und jeden, welche nicht die Erlaubniß haben, Caffé zu brennen, verbothen, weder in ihren Häusern, noch irgend anderswo ungebrannten Caffé zu führen, auch keinen andern gebrannten, als denjenigen von der General-Niederlage in versiegelten und gestempelten Paqueten, bey Strafe Zehn Reichs Thaler für jedes Pfund, zu haben.

Artickel 2.

Bey Vermeidung gleicher Strafe, ist allen und jeden, welche nicht die Erlaubniß haben Caffé zu brennen, verbothen, weder in ihren Häusern, noch irgend anderswo dergleichen zu brennen.

Artickel 3.

Diejenigen, welche Caffé in Bohnen in ihren Häusern haben, sind gehalten, solchen innerhalb acht Tagen dem Accise-Amte der nächsten Stadt, getreulich anzuzeigen, und davon nichts ohne dessen Vorbewust zu gebrauchen: Dem Publico wird dahero angedeutet, daß dieserwegen die nöthige Untersuchungen werden angestellt werden, und daß diejenigen, bey welchen man dergleichen vorfinden wird, in gleicher Strafe genommen werden sollen, wenn sie auch gleich vorgeben sollten, daß sie daran keinen Antheil haben.

Artickel 4.

Nur den Kaufleuten, oder denjenigen, welche die Erlaubniß haben, Caffé zu brennen, ist es erlaubt, selbigen in Bohnen, wenn solcher mit einen Erlaubniß-Schein von dem Accise-Amte versehen ist, zu transportiren, allen andern hingegen, ist es verbothen, mit dergleichen Transporte ohne gedachten Erlaubniß-Schein, unter der ausdrücklichen Verwarnung der festgesetzten Strafe, und für

Auszug aus der Verordnung über den Verkauf des gebrannten Caffés vom 21. Januar 1781

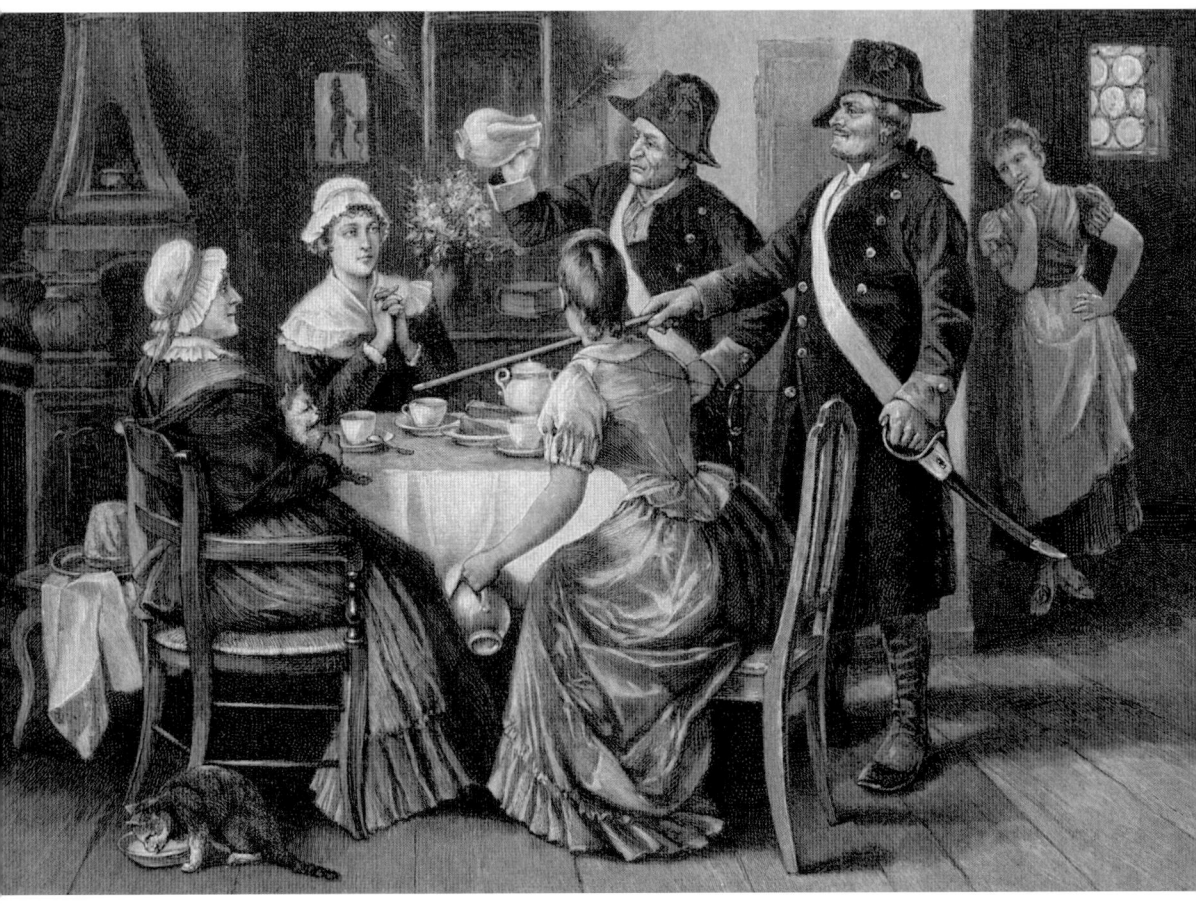

Die Kaffeeriecher. Holzstich nach einem Gemälde von L. Katzenstein, 1892

Ferner existierten noch sechs Kaffeegärten außerhalb der Stadt, bevorzugt im Tiergarten.[23] Dort traf sich damals gerne die adelige Berliner Gesellschaft. Der Spaziergänger Johann Friedrich Carl Grimm berichtet für das Jahr 1779: *Unter Grübeln und Gehen kam ich nahe an den Taroneschen Garten. Es mochte etwa zehn Uhr seyn. Eine Menge von Kutschen, geschäftiger Bedienten, ein Chor Musikanten ... ließen mich eine Fehde mutmassen. ... Vermutlich Adeliche, hielten ein Déjeuner. Nachher hörte ich von dem Marqueur des Taroneschen Kaffeehauses, dass auf diesen Déjeuner alles mögliche gewesen wäre, was Nahrung geben könnte. Chocolade, Thee, Kaffee, Limonade und Orangeade, Ratavia und Persiko, Butterbrod, Schinken und braunschweigische Wurst, danziger Brandwein und kalt Rindfleisch u. s. f. Bis gegen ein Uhr währte das Essen ...*[24]

Dennoch waren im 18. Jahrhundert insbesondere die städtischen Kaffeehäuser nur mäßig frequentiert. Im Februar 1785 berichtet Friedrich Gedike in einem Brief: *Der Müßiggänger sind hier freilich nicht genug, dass die Kaffeehäuser, Weinschenken usw. sehr fleißig besucht würden. … Die angesehenen und reichen Männer laden, wenn es ihre Zeit erlaubt, lieber ein paar Freunde nebst Künstlern und Gelehrten zu sich, als dass sie öffentliche Häuser besuchten und denen zu verdienen gäben.*[25]

Für den häuslichen Kaffeegenuss konnte man um 1729 nur an zwei Orten in Berlin Kaffee erwerben. Für ein Lot Kaffee (rund 17 Gramm) war die enorme Summe von einem Groschen zu zahlen, was dem maximalen Tageslohn einer Spinnerin entsprach. Der Chronist König berichtet über den Kaffeegenuss zu dieser Zeit: *Man trank ihn bloß als Delikatesse, und wenn sich Freundinnen vom Mittelstande schicklich bewirten wollten, aus sehr kleinen Tässgen von Delfter Porcellain.*[26]

Die minutiösen Tagebuchaufzeichnungen von J. G. Bethmann, der sich im Frühherbst 1733 in Berlin aufhielt, ermöglichen uns einen ersten Blick auf die häusliche Kaffeetafel des unteren Mittelstandes und des Dienstbotenmilieus. Ernst Consentius fasste diese Passagen des im Krieg vernichteten Tagebuches[27] zusammen und zitierte daraus: *Sollte es etwas feiner zugehen und mehr auf den Tisch gestellt werden, dann lud sich z. B. ein unverheirateter Orgelmachergesell seine Gäste zum Sonntag Nachmittag ein und setzte ihnen „wohlpraeparirten Caffée", Rheinwein und mürben Zwieback vor. Eine Jungfer, die zum Kaffee gebeten hatte, reichte nach dem Kaffee Pflaumen und Weintrauben. Auch Frau von Dorn, die auf dem Molkenmarkt im Schwerinschen Palais, aber im Seitengebäude nach dem Hof heraus wohnt, akkomodierte ihre Gäste mit Kaffee, kleinen Zuckerprezeln und Weintrauben. Den Herren wurde nach dem Kaffee oder Tee wohl schöner Aquavit und frische Semmeln angeboten; auch zum Frühkaffee wurde ihnen Franzbranntwein und Weißbrot vorgesetzt. Kaffeevisiten waren so allgemein, dass selbst der Kammerdiener eines vornehmen Herrn an Wochentagen auf seiner Stube eine kleine Gesellschaft mit Kaffee bewirten durfte. Bei ihm ging es keineswegs ärmlich zu. Drei Personen hatte der Kammerdiener z. B. „auf Caffée" gebeten, welcher „sehr wohl gemacht"; dazu gab es biscuit, Bergamotten (grüne Birnen) Birn, Pfirschen und Pflaumen und hernach Ruppiner Bier.*[28]

An einem Dienstag des Jahres 1733 war Bethmann bei dem Küster der Garnisonskirche zum Mittagessen eingeladen. Der Gast notierte in seinem Tagebuch: *um drei Uhr wurde ein schöner Caffée zurechte gemacht.*[29] Wir sehen, dass in Berlin die Sitte, nachmittags zum Kaffee einzuladen und ihn auch mitten in der Woche zu servieren, trotz seines außerordentlich hohen Preises bereits früh verbreitet war, nicht nur in bürgerlichen und kleinbürgerlichen Kreisen, sondern selbst bei Gesellen und Dienstboten. Und am 22. Januar 1744 berichtet die Kurmärkische Domänenkammer dem König, dass der Kaffeekonsum *fast jeden und sogar den geringsten Leuthen zur Natur geworden.*[30] Bethmanns Tagebuchaufzeichnungen zeigen ferner, dass nicht nur Frauen zum Nachmittagskaffee einluden und sich nicht nur mit anderen Frauen trafen. Nein, auch Männer luden ein und waren die Eingeladenen.

Der im 18. Jahrhundert stark zunehmende Kaffeekonsum widersprach der merkantilen Wirtschaftspolitik, die darauf aus war, Luxuskonsumgüter möglichst nicht zu importieren und so das Geld im eigenen Lande zu halten. Statt Kaffee sollte das Volk – so die friderizianische Wirtschaftspolitik – lieber wieder Biersuppe zu sich nehmen und die angegriffene inländische (Bier-)Wirtschaft fördern.[31] Unter Friedrich II. kam es zu einer regelrechten Bekämpfung des Kaffeekonsums, so dass 1769 die Steuerbelastung etwa 150 % des Produktpreises ausmachte.[32] Folge dieser enormen Besteuerung war ein ausgedehnter Schmuggel nach Berlin – Berlin war damals von einer Stadtmauer umgeben, an deren Toren die Akzise (Verbrauchssteuer) erhoben wurde – und nach ganz Preußen. In einer Akte von 1744 werden die Praktiken der Schmuggler dargelegt, gegen deren List man machtlos schien. Die Schmuggler versteckten die teuren Kaffeebohnen, indem sie diese *theils in Sand-Fuhren, Kohlen-Säcken, Stroh-Schiffen, unter den Ruppinschen Bier-Tonnen verpacket, theils auch von denen Weibern unter den Röcken herein practiciret, auch zuweilen über die Palisaden geworffen worden …*[33]

Trotz staatlicher Kontrollen trank man überwiegend geschmuggelten Kaffee. 1750 schätzte der Finanzminister Faesch den jährlichen Kaffeekonsum in Berlin auf 570 000 Pfund. Zur Versteuerung deklariert wurden aber nur 21 000 Pfund.[34] Die hinsichtlich des Gesamtverbrauchs sicherlich zu hoch gegriffene Schätzzahl des Finanzministers erreichte jedoch letztendlich ihr politisches Ziel. Als Gegenmaßnahme gründete Friedrich II. 1766 eine neue, von französischen Steuerexperten unter Gewinnbeteiligung geleitete Steuerbehörde, die *Administration générale des Accises et Péages*. Deren *Regisseuren* war das gesamte Zoll- und Akzisewesen des Landes untergeordnet. Dieser so genannten französischen Regie oblag auch die Eintreibung der Kaffeezölle und -akzise (Kaffeeregie). Sie war aufgrund ihrer rüden Methoden beim Volk verhasst.[35]

Da dem Schmuggel nur schwerlich Einhalt zu gebieten war, und die Steuerung des Kaffeekonsums durch Luxusbesteuerung sich als wenig effektiv erwies, wurde am 24. Januar 1781 in Preußen ein Staatsmonopol auf das Kaffeerösten eingeführt[36] und der Handel durch die Vergabe von Konzessionen beschränkt. Nun durfte Röstkaffee nur noch in königlichen *Entrepots* (frz. Zolllager) und bei konzessionierten Lebensmittelhändlern in Blechbüchsen, die 24 Lot Kaffee enthielten und einen Taler kosteten, verkauft werden. Das private Rösten war bei strenger Strafe verboten. Geröstet wurde ausschließlich in der Staatlichen Rösterei, die sich in der Neuen Kommandantenstraße befand.[37] Nur wenige Privilegierte, Adlige, Offiziere, Geistliche und Beamte, erhielten eine Ausnahmegenehmigung und durften auch ungeröstete Kaffeebohnen kaufen. Ihnen wurde gegen Gebühr ein Brennschein ausgestellt, der privates Kaffeerösten erlaubte. Zur Kontrolle wurden in ganz Preußen 200, später 400 Invaliden angestellt, die so genannten Kaffeeriecher. Diese fahndeten in den Straßen nach dem Duft frisch gerösteten Kaffees, durchsuchten Häuser und waren beim Volk ebenso verhasst wie die königliche Kaffeepolitik.[38]

Nach dem Tod Friedrich II. wurden am 1. Juni 1787 von seinem Nachfolger die französische Regie, das Kaffeemonopol und die Kaffeeriecher abgeschafft.[39] Der Weg zu einer „Demokratisierung" des Kaffeekonsums wurde damit gebahnt.

1 Das gelegentlich in der Literatur auftauchende Datum 1646 als Jahr der Einführung der Kaffeepflanze in Berlin wäre der früheste Nachweis einer wachsenden Kaffeepflanze in Deutschland gewesen. Es ließ sich aber trotz intensiver Quellenrecherchen nicht bestätigen.

2 W. Jünger, Herr Ober, ein' Kaffee, Illustrierte Kulturgeschichte des Kaffeehauses, München 1955, S. 159 u. 161.

3 J. S. Elsholtz, Diaeticon, Cölln an der Spree 1682, Reprint Leipzig 1984, S. 323.

4 Ebenda, S. 328.

5 Vgl. Jünger, Herr Ober … (wie Anm. 2), S. 159 f.

6 H. Krum, Preußens Adoptivkinder, Die Hugenotten, 300 Jahre Edikt von Potsdam, Berlin 1985, S. 139.

7 Die Eröffnungsdaten der Kaffeehäuser variieren in der Literatur. Vgl. U. Heise, Kaffee und Kaffeehaus, Eine Kulturgeschichte, Hildesheim 1987, S. 93.

8 Vgl. P. von Gebhardt (Hg.), Die Bürgerbücher von Cölln an der Spree 1508–1611 und 1689–1709, Berlin 1930, S. 69.

9 Vgl. E. Kaeber (Hg.), Die Bürgerbücher und die Bürgerprotokollbücher Berlins von 1701–1750, Berlin 1934, S. 11, 29 u. 43.

10 Vgl. Chr. O. Mylius (Hg.), Corpus Constitutionum Marchicarum, Bd.1, Abt. II, Sp. 148 u. Sp. 181, Berlin 1737.

11 Ebenda, Bd. IV, Th. III, Sp. 213.

12 Ebenda, Sp. 213/214.

13 Ebenda, Sp. 229/230.

14 Geheimes Staatsarchiv Preußischer Kulturbesitz (GStA PK): II HA Abt. 14, Kurmark Städte, Tit. CXV Stadt Berlin, Sect. O, Handwerkssachen, 10 Cafetiers, Nr. 1, fol. 2.

15 Vgl. Heise, Kaffee … (wie Anm. 7), S. 103 ff.

16 Vgl. A. B. König, Versuch einer historischen Schilderung … der Residenzstadt Berlin, Bd. 4.1, Berlin 1796, S. 45. Dies ist der älteste Beleg in der Sekundärliteratur, dass Olivier anscheinend von dunkler Hautfarbe war. In Archivalien ließ sich dafür kein Hinweis finden.

17 GStA PK: … (wie Anm. 14), fol. 21r und 25r.

18 Bisher von der Forschung nicht nachgewiesen. GStA PK: I HA Rep. 36 Nr. 2950. Rechnung über den Bau eines Kaffeehauses für die königliche Familie 1722–1723. Die Angabe bei Jünger, Herr Ober … (wie Anm. 6), S. 174, dass sich das Café Royal in einem Waschhaus im Lustgarten befand, ist falsch. Das Waschhaus befand sich daneben. Siehe den Lageplan von G. Feldmann von 1747 in: F. Wendland, Berlins Gärten und Parke, Von der Gründung bis zum ausgehenden 19. Jahrhundert, Frankfurt/M. 1979, S. 43, Abb. 42.

19 Vgl. König, Versuch … (wie Anm. 17), S. 45.

20 In GStA PK: I HA Rep. 36 Nr. 2950, fol. 75r wird nach 1747 angeführt: … *als das Königl Coffée-Hauß auf der Stelle wo jetzt der Dohm gestanden, eingegangen …*

21 König, Versuch … (wie Anm. 17), S. 244.

22 H. Rachel, Das Berliner Wirtschaftsleben im Zeitalter des Frühkapitalismus, Berlin 1931, S. 238.

23 Fr. Nicolai, Beschreibung der Königlichen Residenzstädte Berlin und Potsdam, Berlin 1769 (=Gesammelte Werke, Hg. B. Fabian / M.-L. Spieckermann, Hildesheim 1988), S. 430–431.

24 J. Fr. C. Grimm, Bemerkungen eines Reisenden durch die königlichen preußischen Staaten in Briefen, Bd. 2, Altenburg 1779, S. 539.

25 Fr. Gedike, Über Berlin, Briefe „Von einem Fremden" in der Berlinischen Monatsschrift 1783–1785, Hg. H. Scholtz unter Mitwirkung von E. Kröger, Berlin 1987, S. 157 f.

26 König, Versuch … (wie Anm. 17), S. 245.

27 Das Bethmannsche Tagebuch war Teil des Nicolaischen Nachlasses, der bis zum Kriegsverlust in der Staatsbibliothek verwahrt wurde (MS Boruss. Nicol. 160, Teil 3).

28 E. Consentius, Alt Berlin Anno 1740, Berlin 1925, S. 177 f.

29 Ebenda, S. 179.

30 GStA PK: II HA Abt. 14, Kurmark, Materialien A–H, Tit. CXCV Accise-Sachen, Sect. b, Städte, 1 Berlin, Nr 7, Acta wegen des Ertrags der Berlinschen Accise … 1733–1746, Akte ohne Folierung.

31 Vgl. Acta Borussica, Denkmäler der Preußischen Staatsverwaltung im 18. Jahrhundert. Die Handels-, Zoll- und Akzisepolitik Preußens 1740–1786, bearbeitet von H. Rachel, Bd. 3, Teil 1, Berlin 1928, S. 746–747.

32 Rachel, Wirtschaftsleben … (wie Anm. 22), S. 217.

33 GStA PK: … (wie Anm. 36) Akte ohne Blattzählung, Bericht vom 22. 1. 1744.

34 Vgl. Acta Borussica … (wie Anm. 31), S. 743.

35 Vgl. A. Streckfuß, 500 Jahre Berliner Geschichte, Berlin 1900, S. 408–412.

36 Siehe GStA Pk: II HA Abtlg. 14 Kurmark, Materien A–H, Sektion a) Generalia Tit. CCXIV Nr. 34. Akta betr. das emanirte Edict, wegen des Verkaufs des gebrannten Caffé. 1781.

37 Rachel, Wirtschaftsleben … (wie Anm. 22), S. 218.

38 P. Albrecht, Kaffee. Zur Sozialgeschichte eines Getränks, Braunschweig 1980, S. 50–52.

39 Vgl. den Wortlaut der Verordnung in Novum Corpus Constitut. March. Bd., 8, Berlin 1791, Sp. 243 ff., VO vom 6.1.1787 (gültig ab 1.6.1787), Declarations-Patent wegen Aufhebung der Kaffee-Brennerei-Anstalt …

*Das neu eröffnete Telecafé im Ost-Berliner
Fernsehturm in 200 Meter Höhe, 1969*

peter lummel

vom café royal zum coffeeshop

drei jahrhunderte berliner kaffeehauskultur

Wenn heute Joschka Fischer und „Käthe und Kalle Kaffeetrinker aus Berlin-Lichtenrade" im stilsicher eingerichteten italoamerikanischen Coffeeshop des Auswärtigen Amtes bei einem Macchiato Tisch an Tisch sitzen können, zeigt dies nicht nur die Demokratisierung unserer Gesellschaft, sondern auch des Getränks. Dies war nicht immer so. Der Überblick über drei Jahrhunderte Berliner Kaffeehauskultur macht deutlich, wie lange es dauerte, bis jeder Gast, gleich welcher Herkunft, welchen Einkommens oder welchen Geschlechts in das Café seiner Wahl gehen konnte.

Die Kaffeehäuser[1] durchlebten große Veränderungen, wurden mehrfach totgesagt, genossen aber immer wieder aufs neue den Zuspruch der kaffeebegeisterten Berliner Bevölkerung. Doch welche Gründe veranlassten Kaffeeliebhaber dazu, das schwarze Getränk nicht im trauten Heim, sondern im Café zu trinken? Und mit welchen Bemühungen und Ideen lockten die Cafébetreiber die Gäste in ihr Lokal?

Berlin besitzt heute über 500 Cafés. Die Vielfalt, die sich alleine schon in den Namen ausdrückt, lässt Trends kaum mehr überblicken. Galeriecafé, Operncafé, Jazzcafé und Tanzcafé evozieren Kulturgenuss; Billard Café, Aquarium Café, Sport- oder Strandcafé verweisen auf Freizeitmöglichkeiten, während Freunde der medialen Kommunikation auf Cafés namens Cyber Mind, Website, Internet und Video ansprechen dürften. Die Kaffeehaustypologie kennt keine Grenzen. So entdeckt der neugierige Leser im Berliner Telefonbuch neben dem traditionellen Kaffeehaus auch das Café Bistro, Café Snack, Eiscafé und Stehcafé, die Cafeteria und die Espressobar, und nicht zuletzt – als neuesten Schrei mit den größten Zuwachsraten – Coffeeshops nach amerikanischem Vorbild mit eigener Rösterei.[2]

The coffee shop im Auswärtigen Amt am Werderschen Markt. Foto von Bettina Keller

Als man in Berlin Kaffee um 1680 als exotisch schmeckendes, stimulierendes Heißgetränk entdeckte, blieb der Kaffeegenuss zunächst ausschließlich auf die höfische Gesellschaft beschränkt.[3] Hätte es im Jahr 1700 bereits ein Telefonbuch gegeben, so wäre im Unterschied zu anderen deutschen Städten ein Kaffeehaus in Berlin nicht zu finden gewesen. Erst 1722 ließ Friedrich I. in der Kaffeestadt Den Haag einen Cafetier von hervorragendem Rufe anwerben. Die Wahl fiel auf *Monsieur Olivier,* der durch seine schwarze Hautfarbe das Fremdartige und Exotische des dunklen Getränks unterstrich. Der Soldatenkönig ließ für Olivier auf dem Areal seines Lustgartens das Café Royal errichten. Die Einrichtung, von der wir nur wissen, dass sie auch ein Billard enthielt, muss man sich, dem Stil der Zeit entsprechend, französisch oder holländisch eingerichtet vorstellen: vielleicht mit kleinen Marmortischen und prachtvollen Spiegeln an den Wänden. Das Café Royal wurde zunächst ein Treffpunkt für die wichtigste Klientel des Soldatenkönigs, die Gardeoffiziere.

Unter Friedrich dem Großen, der seinen Titel nicht gerade der Förderung des Kaffeekonsums zu verdanken hatte, brachte es die bereits kräftig anwachsende Residenzstadt 1769 gerade erst einmal auf 13 Kaffeehäuser. Damit lag Berlin selbst im deutschen Vergleich keineswegs vorne. In Berlin blieb das Kaffeehaus bis 1800 ein letztendlich wenig erfolgreicher, aber elitärer Ort, der sich durch die Qualität der Kaffeezubereitung, durch eine elegante Möblierung und das Billardspiel absetzte von anderen Formen öffentlicher Geselligkeit und Gastronomie.

Bis 1800 konzentrierten sich die Berliner Konditoreien ausschließlich auf den Ladenverkauf von Gebäck und Kuchen. Die staatlichen und zünftischen Vorgaben dessen, was erlaubt und nicht erlaubt war, setzten enge Grenzen. Erst die fortschrittliche Gewerbe- und Handelsfreiheit, die in Preußen nach der Niederlage gegen Napoleon von Reformbeamten um den Staatsminister von Hardenberg eingeführt wurde, beförderte beachtliche unternehmerische Initiativen. In diesem Zusammenhang war es nun bei entsprechender Konzession auch für Konditoreien möglich, Kaffee auszuschenken.

Es entstanden zahlreiche kleine Konditoreicafés – bis 1830 waren es annähernd 100[4] – die typisch wurden für Berlin. An sich unterschieden sie sich nicht sonderlich von Läden ohne Kaffeeausschank, doch hatten sie kleine Nebenräume, in denen oft nicht mehr als zehn Personen Platz fanden.[5] Die intime Wohnungsatmosphäre der kleinen Konditoreicafés und die Möglichkeit, sich mit Gleichgesinnten bei einer Tasse Kaffee zu treffen und zu *parliren*, sprach im 19. Jahrhundert besonders die immer bedeutender werdende bürgerliche Mittelschicht an, die sich einen gewissen Wohlstand erarbeitet und erspart hatte. Frauen ohne Männerbegleitung wurden allerdings in seriösen Kaffeehäusern bis ca. 1880 kaum gesehen, denn dies galt als sittlich bedenklich.[6]

In den Lesekonditoreien traf sich in den Jahrzehnten vor 1848
Berlins kritische Bürgerschaft. Gemälde von Gustav Taubert, 1832

Einige wenige Kaffeelokale überragten die durchschnittlichen Berliner Konditoreicafés, darunter vor allem die Lesekonditoreien.[7] Die erste wurde 1818 von dem Schweizer Zuckerbäcker Giovanoli in der Charlottenstraße 21 eröffnet. Er und einige andere aus dem Engadin zugewanderte Schweizer Konditoren wie Stehely an der Stechbahn und später Spargnapani Unter den Linden 50 begründeten in dieser Zeit den guten Ruf Berliner Kaffeehäuser. Sie schufen sich diesen durch eine bis dato unbekannte Qualität und Auswahl der Backwaren, durch großzügigere Räumlichkeiten mit geschmackvoller, zurückhaltender Ausstattung und insbesondere durch das umfangreiche Leseangebot.

In speziellen Lesezimmern fanden die Berliner täglich zahlreiche nationale und auch internationale Zeitungen und Zeitschriften vor. Diese Lesekonditoreien wurden zu einem Ort, der für die Verbreitung von Informationen, für kritische Diskussionen und für die politische Meinungsbildung der Bürgerschaft von hoher Bedeutung wurde. Bald ordnete man bestimmte Kaffeehäuser bestimmten politischen Vorstellungen und Parteien zu. Im Stehely trafen sich die Liberalen und Radikalen, im Café Josty an der Stechbahn die konservativen Kriegsveteranen.[8] So verwundert es auch nicht, dass sich regierungskritische Gruppierungen während der unruhigen Jahre vor 1848 in den Nebenräumen der Lesecafés trafen und dort ihr politisches Vorgehen abstimmten.

Im Gegensatz dazu war die Hofkonditorei Kranzler von Anfang an Treffpunkt für junge Gardeoffiziere, konservative Rittergutsbesitzer und Dandys. Das Kranzler war eine Institution.[9] Dies verdankte die Konditorei nicht nur den hervorragenden Backwaren und dem exzellenten Eis, welches Johann Georg Kranzler seit 1825 seinen Gästen bot. Der Wiener Cafetier war auch ein herausragender Geschäftsmann, der es immer wieder verstand, „die Nase vorn" zu haben, wenn es darum ging, auf neue Bedürfnisse seiner Gäste einzugehen. Nachdem Kranzler 1833 das gesamte Gebäude Unter den Linden 25 gekauft hatte, entschloss er sich zu einem Umbau, für den er den bedeutenden Berliner Architekten Friedrich August Stüler gewinnen konnte. Das bislang für etwa 30 Gäste konzipierte Lokal umfasste nun das gesamte Erdgeschoss und enthielt unter anderem Berlins erstes Raucherzimmer. Für Furore sorgte die Erweiterung der Konditorei zur Straße durch den Bau einer so genannten Rampe, die erst durch die entschiedene Protektion des Königs möglich wurde. Damit entstand Berlins erste und für lange Zeit einzige Café-Terrasse: optimale Rahmenbedingungen für Gäste, denen es, ganz dem Zeitgeist entsprechend, auf das Sehen-und-Gesehen-Werden ankam.

Die Berliner Avantgardecafés, die sich mit den Lesekonditoreien und im Kranzler entwickelten, stellten den Kunden in den Mittelpunkt. Sie befriedigten das Bedürfnis nach Information und politischem Diskurs ebenso wie nach Selbstdarstellung und Voyeurismus. Hierfür wurden einerseits besondere Innenräume geschaffen und andererseits das Kaffeehaus zur Straße hin erweitert. Die Mehrzahl der Konditoreicafés blieb gleichzeitig jedoch äußerst einfach, beengt und ungemütlich.

Seit 1871 Reichshauptstadt, wuchs Berlin in der Gründerzeit zur ersten deutschen Millionenstadt heran, ebenso schnell expandierte die Wirtschaft. Als 1878 der aus Wien stammende Mathias Bauer Unter den Linden 26 gegenüber dem Kranzlereck das Café Bauer eröffnete, erhielt Berlin eine gastronomische Sensation und die Kaffeehäuser einen neuen Vorreiter. Berlin besaß nun sein erstes „richtiges" Café nach Wiener Art, die sich seit der Weltausstellung in Wien 1873 in ganz Europa verbreiteten.[10]

Das Café Bauer war das erste Berliner Kaffeehaus im Wiener Stil und Vorreiter durch seine prachtvolle Ausstattung und Größe. Darstellung von Friedrich Stahl, nach 1888

Charakteristisch für diesen Kaffeehaustyp waren die Vielzahl der Räume und deren festliche Stimmung. Das Café Bauer schien die Wiener Vorbilder durch die Dimensionen und die Pracht der Ausstattung übertreffen zu wollen. Die Gäste tranken ihren Kaffee nicht mehr in einem Nebenraum wie in den Konditoreien, sondern erstmals in einem repräsentativen Saal. Dieser fasste 100 Gäste und erstreckte sich über die gesamte Länge des Cafés. Einlass fanden nur Gäste in guter Garderobe. Doch dann durfte man teilhaben an der neobarocken Raumpracht, die beim gutsituierten bürgerlichen Publikum die Imagination von feudaler Welt und Wir-sind-wer-Gefühle hervorrief.

Der Glanz dieses Cafés war kaum mehr zu übertreffen. Fassungslos bemerkte die Berliner Presse über die malerische Ausgestaltung mit themenbezogenen Allegorien durch Anton von Werner: *Ein Berliner Café und Restaurant mit Bildern eines der ersten und gefeiertsten Künstler der Gegenwart, des Direktors der Akademie dekorirt, wer uns das vor 30 Jahren hätte prophezeien wollen!* [11]

Das Café besaß einen Gesellschafts- und einen Spielsaal sowie Galerieräume, Billard- und Lesezimmer. Alleine drei Leute waren damit beschäftigt, die über 600 (!) täglich zur Auswahl stehenden Zeitungen und Zeitschriften aus aller Welt zu ordnen. Wegweisend war überdies die Einrichtung eines gesonderten Damenzimmers für Frauen ohne männliche Begleitung, ein Beispiel, das in den darauffolgenden Jahren zahlreiche Kaffeehäuser übernahmen.

Das Café Bauer blieb 24 Stunden geöffnet und war nur zu Silvester geschlossen. Als es am 13. September 1884 als erstes Berliner Lokal statt Gasbeleuchtung elektrisches Licht einführte, muss das optische Erlebnis in den Innenräumen, aber auch die Anziehungskraft des Cafés vom Boulevard aus für Zeitgenossen überwältigend gewesen sein.

Das Café Bauer prägte die Kaffeehauskultur Berlins und ließ in der Folge viele Lokale im Typ des Wiener Cafés entstehen. Ab 1890 machte sich ein neuer Trend bemerkbar, der im Café Bauer bereits ebenfalls angelegt war: Es entstanden Großcafés mit riesenhaften Dimensionen. 1892 wurde Unter den Linden das schlossartig repräsentative Café Ronacher[12] im Hotel Lindenhof eröffnet, in dem man 1 000 Gäste gleichzeitig bewirten konnte, ins Café Picadilly am Potsdamer Platz passten 1912 bereits 2 500[13] Besucher. Die unglaublich rasante Entwicklung von den kleinen Durchschnittskonditoreien zu weltläufigen Cafés veranlasste denn auch den Berliner Architekten-Verein 1896 zu den Worten: *Der Aufschwung Berlins zur Weltstadt … wird vielleicht durch nichts augenfälliger illustrirt, als durch die Entwicklung der Bier- und Kaffeehäuser.*[14]

Das 1913 eröffnete Café Picadilly am Potsdamer Platz fasste 2 500 Gäste.
Postkarte, um 1913

*Musik- und Tanzangebote wurden in Cafés immer üblicher. Werbeplakat des Café
Maxim in der Friedrichstraße 218, vor 1905*

Den Erfolg, prunkvoll ausgestattete Großcafés für die Masse gleich welcher Herkunft und
welchen Geschlechts erschlossen zu haben, dürfen die Brüder Aschinger für sich verbuchen.
Sie begründeten ihr Imperium in Berlin seit 1892 zunächst mit Bierhallen, in denen „Zeit ist
Geld" zum zentralen Bekenntnis für Personal wie Gäste wurde.[15] In den darauffolgenden
Jahren wurden die ersten Aschinger-Großcafés eröffnet. Aufgrund rationalisierter Arbeits-
prozesse und eigener Zulieferbetriebe bot Aschinger Bohnenkaffee und Kuchen zu außerordentlich günstigen Preisen an. Der feudale Glanz von Kronleuchtern, riesigen Wandspiegeln
und anderen historisierenden Ausstattungselementen ließ beim Publikum zumindest temporär die sozialen Unterschiede verschwimmen und konnte auch bei den einfachen Leuten das
Gefühl aufkommen lassen, man gehöre dazu, zu den besseren Leuten, zu denen, die es ge-
schafft hatten. Der Prunk der Aschinger Großcafés blieb nicht ohne Auswirkungen und wurde
stilbildend. Ungewöhnlich deutlich wurde die Deutsche Gastwirte Zeitung 1909 im Nachruf auf
den verstorbenen Carl Aschinger, als sie kritisierte, dass die Innenraumpracht bei Aschinger
*unzweifelhaft schwere Nachteile für Berliner Gastwirte gebracht (habe), indem es sie nötig-
te, einen Teil des Luxus und der Protzhaftigkeit nachzumachen.*[16]
Von besonderer Bedeutung für die Verpflegung der ärmeren Bevölkerung und den Verkauf
günstigen Bohnenkaffees war neben den bereits 1866 von Lina Morgenstern initiierten Volksküchen die 1889 auf Initiative von Emil Minlos gegründete Volkskaffee- und Speisehallen-

Gesellschaft.[17] Deren Zielstellung lautete, an verschiedenen Standorten *den ärmeren Volks-schichten eine gesunde, vom Branntweingenuss ablenkende Nahrung für mäßigen Preis auch ohne Inanspruchnahme der Wohltätigkeit* zu verschaffen. Kaffee wurde zum einfachen Frühstück und zur Nachmittagspause verkauft, zum Mittag- und Abendessen trank man vor allem Limonade, Selters und Bier. Eine Tasse Bohnenkaffe mit Milch und Zucker kostete fünf Pfennig. Dies war konkurrenzlos günstig und wurde selbst von der Inneren Mission und den Betriebskantinen nicht billiger angeboten.

Dennoch entsprach es nicht jedermanns Vorstellungen, in nüchtern ausgestatteten Volks-kaffeehallen Kaffee zu trinken. Hierfür standen den sozialen Unterschichten wie Handwer-kergesellen und Arbeitern, Straßenhändlern, Fuhrleuten sowie gescheiterten Existenzen schon seit längerem einfachste Kaffeeschenken zur Verfügung: die Kaffeeklappen und Nacht-cafés.[18]

Den hohen Stellenwert der Nachtcafés beschreibt die Zeitung *Teutsche Werte* in ihrer Aus-gabe vom 3. März 1902: *Die Nachtcafés können für Berlin in gewisser Hinsicht als ein Bedürfnis bezeichnet werden, da der Verkehr … auch während der Nachtzeit ein ziemlich reger bleibt, und sich so zu jeder Nachtstunde Personen finden, die einer Erfrischung, wie die Nachtcafés sie bieten, geradezu bedürfen. So werden sie … viel von Durchreisen-den, von den Bewohnern der Vororte und von den aus festlichen Veranstaltungen und Versammlungen Heimkehrenden aufgesucht. Dass diese Gelegenheit auch von Nacht-schwärmern und Prostituierten für ihre Zwecke ausgenutzt wird, ist nicht zu verhüten.*[19]

So boten um 1900 diese Etablissements ein breit differenziertes Spektrum: Neben dem ur-sprünglichen Typus der Kaffeeklappe in trostlosen, halbdunklen Kellerverschlägen mit halb verfallenem Mobiliar gab es auch freundliche Erdgeschoss-Schenken in der Nähe der gro-ßen Kaufhäuser mit reichhaltigem Speise- und Getränkeangebot, Zeitungen und Zeitschrif-ten bis hin zu Kaffee-Gastronomien in der Nähe der Prachtstraßen, die sich fast schon an dem Chic aber auch an den Preisen etablierter Wiener Cafés orientierten.

Die Erwartungshaltung einer erlebnishungrigen Gesellschaft – befreit vom Kriegstrauma und von manchen Bindungen der wilhelminischen Zeit – wurde von den Berliner Kaffeehäu-sern in den zwanziger Jahren durch neue Angebote konsumorientiert beantwortet.

Bereits seit 1890 war die Bedeutung von Musikangeboten in Cafés stetig angestiegen.[20] Nach 1918 wurden Cafés bedeutende Stätten von Tanz- und Konzertveranstaltungen, die das vergnü-gungssüchtige Berliner Publikum anlockten. Berühmte Musikcafés waren das Café Moritz-platz, das Café Europa in der Leipziger Straße mit seinem Tanzpavillon für Nachmittags- und Abendveranstaltungen, das prachtvolle Café Wien am Kurfürstendamm und in riesigen Dimensionen das Haus Vaterland am Potsdamer Platz mit seinem gleichnamigen Café.[21]

Unter einem Dach bot Kempinski im Haus Vaterland eine ausdifferenzierte Erlebnisgastro-nomie. Ihr gegenüber wirken die heutigen Versuche geradezu banal und phantasielos. Über eine Million Besucher jährlich wurden in diesem „Haus der Kulturen der Welt" auf die Reise geschickt: Vom Türkischen Café zum bayerischen Löwenbräu oder ins ungarische Dorf-wirtshaus, von den Rheinterrassen zum Grinzinger Heurigen, von der spanischen Bodega in die Wild-West-Bar, um abschließend einen amerikanischen Quick Lunch zu erleben, bei dem vor den Augen des Publikums das schmackhafte Essen zubereitet und zelebriert wurde.

Bereits mittags begann im Café Vaterland das Musikprogramm. Bei freiem Eintritt spielten täglich mehrere Tanz- und Jazzbands, getanzt werden durfte bis Mitternacht. Ernst Pauly,

Senfation im
Literatur=Café
„Größenwahn".

„Ein Dutzendmensch!!!"

Illustration von F. Czabran für die Lustigen Blätter, 1905

dem das Café des Westens gehörte, kommentierte bereits kurz zuvor die musikalische Neu-
orientierung Berlins mit den Worten: *Das Cafébacchanal ist im vollen Gange.*[22]

Um sich von der Konkurrenz abzusetzen, wurden immer größere Werbeanstrengungen unter-
nommen. Berlin erhielt in dieser Zeit an vielen Außenfassaden sein Lichtkleid. So erging es
auch dem altehrwürdigen Kranzler. Die Pressemitteilung hob hervor: *Für den Firmennamen
Kranzler wurden rotblau leuchtende Röhren verwandt, die so angeordnet sind, dass die
einzelnen Buchstaben des Schriftzuges nach außen rot und nach innen blau leuchten. …
Der hierdurch erzielte Leuchteffekt ist einzigartig.*[23]

Berlin tanzte in den Cafés und rühmte sich in den zwanziger Jahren zu Recht als europäische Kultur- und Kunstmetropole. In diese Zeit fällt auch der Höhepunkt der Berliner Künstlercafés.[24] Am bedeutendsten war das Romanische Café gegenüber der heutigen Gedächtnis-
kirche. Es wurde von den Berlinern wie sein Vorgänger, das Café des Westens, liebevoll

Weltberühmtes Künstlercafé im Berliner Westen. Im Romanischen Café, Gemälde von Willy Jaeckel, 1912

spöttisch als *Café Größenwahn* geadelt. Dort trafen sich weltberühmte Literaten und Künstler, stadtbekannte Bohèmiens und ein neugieriges bürgerliches Publikum. Warum das Romanische Café mit seiner eher anspruchslosen Inneneinrichtung eine derartige Rolle für die Künstlerwelt spielte, konnten schon die Zeitgenossen kaum ergründen. Auf jeden Fall entzündete sich nicht in der stillen Stube, sondern in der lauten öffentlichen Atmosphäre des Kaffeehauses in intensiver Gemeinschaft mit Gleichgesinnten das hohe schöpferische Potential der künstlerischen Avantgarde.

Das *Café Größenwahn* verlor unmittelbar nach der Machtübernahme durch die Nationalsozialisten seine Bedeutung. Auch andere Vorreiter-Cafés wurden geschlossen, enteignet oder in ihrem Programm den neuen Verhältnissen angepasst. Bereits in der Wirtschaftskrise der ausgehenden zwanziger Jahre mussten viele Kaffeehäuser aufgeben, wie zum Beispiel das Café Josty am Potsdamer Platz, aber auch einige Aschinger Großbetriebe. Überhaupt schien die Zeit der Riesencafés und der historisierenden Überfülle vorbei zu sein. Neue und umgestaltete Cafés wie etwa das Café Teltschow mit seiner Filiale in der Leipziger Straße 8 griffen auf sachliche Formen zurück. Die Cafégäste bevorzugten nun offensichtlich eher einen zurückhaltenden Stil.[25]

Mit dem Beginn des Zweiten Weltkriegs verschwand die einst reichhaltige Kaffeehauskultur endgültig aus Berlin. Dies zeigen die Vergleichszahlen, die der Aschingerkonzern 1944 vorlegte:[26] Der Kaffeekonsum ging von 209 000 Kilogramm Bohnenkaffee im Jahr 1938 auf 8 000 Kilogramm Ersatzkaffee im Jahr 1942 zurück! Obwohl Deutschland seit Kriegsbeginn von Importgütern wie Bohnenkaffee abgeschottet war, wurde Ersatzkaffee im Kaffeehaus von den Kunden ganz offensichtlich nicht akzeptiert. Auch die Cafés hatten sich der kriegswichtigen Grundversorgung unterzuordnen. Die *Rheinisch-Westfälische Zeitung* bemerkt in ihrer Ausgabe vom 6. August 1944: *Das Gaststättengewerbe, das in normalen Zeiten vorwiegend der Geselligkeit, der Erholung und dem Vergnügen dient, ist heute unter den Einwirkungen des Krieges fast restlos zu einem reinen Versorgungsunternehmen geworden … .*[27] Den traurigen Rest erledigte der Krieg selbst: Als er vorüber war, waren die meisten Kaffeehäuser zerbombt.

Für den Neuaufbau musste jeder Gastronom nach Kriegsende nicht nur geeignete Räumlichkeiten finden, herrichten und ausbauen lassen, sondern auch eine neue Schankkonzession beantragen. Hier spielten sich mitunter menschliche Tragödien ab. So erhielt Karl Kutschera, der 1937 von den Nationalsozialisten gezwungen worden war, sein bedeutendes Musik-Café Wien aufzugeben und anschließend bis Kriegsende ins KZ kam, erst 1950 endgültige Gewissheit über die Rückübertragung und eine erneute Schankerlaubnis.[28]

Wie schon in den Kriegsjahren stand die Versorgung mit Speisen zunächst im Vordergrund. Das für seine Baumkuchen bekannte Café Schilling am Kurfürstendamm begründete hiermit seinen Konzessionsantrag: *Da auch Speisewirtschaft betrieben, ist ein Bedürfnis unbedingt vorhanden. Die sehr zahlreich in dieser Gegend beschäftigten Berufstätigen sind auf Speiselokale angewiesen.*[29]

In den folgenden Jahrzehnten nahmen alteingesessene Kaffeehäuser mit guter Konditoreiware im West-Berliner Zentrum einen festen Platz ein. Die Traditions-Cafés Schilling, Möhring, Krumme, Kempinski und Wagenknecht konzentrierten sich rund um Ku'damm und Umgebung. Dort traf man sich gern bei einer Tasse Kaffee, um sich zurück zu erinnern: *Vormittags ist heute im Café (Schilling) Herren-Salon. Man frühstückt in angenehmer Café-Atmosphäre vergangener Zeiten.*[30]

Und auch das von Hans Dustmann 1957/58 auf dem Victoriaareal am Kurfürstendamm im modernen Stil wieder errichtete Café Kranzler mit seinem charakteristischen Pavillonaufbau und den rot-weiß gestreiften Markisen stand für gediegene Kaffeehaustradition und wurde zugleich Zentrum und Symbol für die neu erstandene West-Berliner City.[31]

Berlin besaß spätestens seit Kriegsende entsprechend seiner wirtschaftlichen und politischen Bedeutung keine Weltstadtcafés mehr. Insbesondere seit den 1970er Jahren mussten viele alteingesessenen Cafés aufgrund sinkender Umsatzzahlen schließen. Von ihnen waren keine Impulse mehr ausgegangen, sie waren quasi konserviert worden und lebten fast ausschließlich von Ihrem guten Ruf bei der älteren Generation und bei Touristen. Neu eröffnet

Das zerstörte Romanische Café 1945

wurden vielfach kleinere, einfach ausgestattete Kaffee-Lokale, italienische Eiscafés, Steh-
cafés und Cafébars. Diese waren zum Beispiel in große Einkaufszentren wie etwa das Euro-
pacenter integriert und lockten den eiligen Gast mitten im Einkauf zu einer kurzen Ver-
schnaufpause. Viele dieser neuen Cafés – seit den siebziger Jahren oft auch mit nostalgi-
schen Innenausstattungen versehen – hatten eher lokale Bedeutung und richteten sich
durch bezahlbare Preise und eine oft zwanglose Atmosphäre insbesondere an Stammgäste
aus dem Kiez. Aus diesem Mittelmaß der Kaffeehauskultur ragten in den Jahren vor 1989
nur wenige hervor, so zum Beispiel das in einer Gründerzeitvilla untergebrachte Café Einstein in der Kurfürstenstraße und das Café Adler am Checkpoint Charlie, von dessen leicht
zerschlissener und zugleich behaglicher Atmosphäre sich insbesondere ein jüngeres Publikum angezogen fühlte.

In der Nachkriegszeit suchte man Erholung und Normalität im Café wie hier bei einem Kaffeestündchen am Ku'damm. Foto von Will Mc Bride, 1957.

Bundesweit einzigartig war die bunte Palette alternativer Szene-Cafés, in denen Musikfreaks und Aussteiger, Kommunen, Revolutionäre und Hausbesetzer, Umweltschützer und Lebens-reformer, Frauen- und andere Emanzipationsbewegungen ihre Visionen diskutierten und auslebten. Die Politisierung mancher Cafés wie im Frauen-Café Tante Milli am Winterfeldt-platz oder im Schwarzen Café auf der Kantstraße knüpfte an die radikalen Diskussionen in den Lesekonditoreien vor 1848 und in den Künstlercafés um 1900 und bis in die zwanziger Jahre an. Den experimentellen Geist der Zeit, die Trennung zwischen Arbeit und Leben auf-zulösen, versuchten auch Kollektivcafés wie zum Beispiel das Café April am Lausitzer Platz oder das Schokocafé in einer ehemaligen Kreuzberger Schokoladenfabrik als Zentrum fort-schrittlicher Frauenkultur in die Tat umzusetzen.

In Ost-Berlin mit seiner stark zerstörten Mitte fand zunächst eine ganz andere Entwicklung statt. Cafés, insofern sie noch existierten, wurden enteignet, verstaatlicht und dienten unter der Regie der Handelsorganisation HO primär der Versorgung der Bevölkerung mit vereinheitlichten Angeboten und Preisabstufungen. Bedeutende Cafés gab es zunächst nicht. 1963 eröffnete mit dem Opern-Café erstmals ein Kaffeehaus, welches durch die wiederaufgebaute Architektur und die Innenausstattung an die Tradition Unter den Linden anknüpfte. Gegen 1970 kamen in Prestigebauten des Staates auch interessante moderne Cafés hinzu. Ein gegen Ende der siebziger Jahre gedrucktes Werbefaltblatt für den Palast der Republik wendet sich an den geschäftigen modernen Menschen von heute: *Der eilige Gast kann das Espresso, die Mokka- oder die Milchbar besuchen.*[32] Eine besondere Beachtung verdient das 1969 eröffnete Tele-Café über dem Aussichtsgeschoss des Fernsehturms am Alexanderplatz. Dort wurde nicht nur gute Konditorware zu Höchstpreisen geboten, sondern auch ein atemberaubender Blick über Berlin aus einem sich einmal pro Stunde vollständig um die eigene Achse drehenden Lokal. Jung und modern sollte das Café wirken. Dem angepasst wurde auch die Bekleidung des weiblichen Personals, für die das Deutsche Modeinstitut der DDR eigens zwei verschiedene Entwürfe vorlegte: *Tele-Service in Hellblau* und *Tele-Chic in Hellblau.*[33]

Nach 1989 holte der Ostteil Berlins schnell auf hinsichtlich der Internationalität und Qualität seiner Cafés. Nach 1995 entstand dann in manchen Teilen der historischen Mitte ein Netz von Trendcafés, die es so in West-Berlin kaum gibt. Die vereinte Stadt scheint heute Deutschlands Caféhauptstadt zu sein. Die Schnelligkeit, mit der erlebnisorientierte Cafés und insbesondere neue Coffeeshops amerikanischen Typs aufmachen und stets gut gefüllt sind, weist auf jeden Fall darauf hin. So gibt es von den rund 400 Coffeeshops in Deutschland über 60 in Berlin. Und die Entscheidung der weltweit führenden amerikanischen Kaffeebar-Kette Starbucks – die wöchentlich von 20 Millionen Kunden frequentiert wird! – in Berlins historischer Mitte am Brandenburger Tor und in den Hackeschen Höfen am 25. Mai 2002 die ersten Filialen in Deutschland zu eröffnen, bestätigt dies.

Und so erwarten heute den immer noch kaffeebegeisterten Berliner und seine Gäste in den neuen Tempeln des Genusses ein sinnlich nachvollziehbarer Weg von der Bohne in die Tasse, ein Erlebnis des Röstens, Mahlens und Kaffeekochens, das Angebot individueller Mischungen von Kaffeebohnen höchster Qualität aus aller Welt, auf Wunsch aromatisiert oder mit Milchschaum versehen, dazu süße und saure Snacks und Gebäcke in einer Mischung aus amerikanischer, italienischer und französischer Kultur. Der Genuss lässt sich selbst nach Hause transferieren, denn von der exklusiven Bohnensorte bis zur Designerespressomaschine sind auch alle Lifestyle-Requisiten im Coffeeshop käuflich zu erwerben. Doch der häusliche Genuss – das hat der Überblick über drei Jahrhunderte Kaffeehauskultur deutlich gezeigt – ersetzt mitnichten die Faszination, im öffentlichen Raum Kaffee zu genießen. Und wo haben Sie heute Ihren Kaffee getrunken?

1 Allgemein zur Entwicklung der Kaffeehäuser s. U. Heise, Kaffee und Kaffeehaus, Die Geschichte des Kaffees, Frankfurt a.M./Leipzig 2002.

2 Zur aktuellen Entwicklung der Kaffeebars vgl. U. Spiekermann, in: E. Dietrich und R. Rossfeld (Hg.), Am Limit, Kaffeegenuß als Grenzerfahrung, Zürich 2002, S. 106 ff. sowie vgl. den Beitrag von Thielebein in diesem Band.

3 Zu den Anfängen des Kaffeekonsums in Berlin siehe den Beitrag von S. Keunecke in diesem Band.

4 Siehe P. Thiel, Lokal-Termin in Alt-Berlin, Berlin 1987, S. 194 f.

5 Zur Innenarchitektur der Berliner Konditoreicafés vgl. H. Wagner in: Entwerfen, Anlage und Einrichtung der Gebäude, Des Handbuches der Architektur vierter Theil. 4. Hb. 1. H. Darmstadt 1894, S. 61 ff.

6 Siehe umgekehrt die spöttische Reaktion auf sogenannte Frauenkonditoreien, in: Zeitschrift des Vereins für die Geschichte Berlins, 1939, S. 70; Berlin und seine Bauten, bearbeitet und herausgegeben vom Architecten-Verein zu Berlin und der Vereinigung Berliner Architekten, Berlin 1896, S. 1 f.

7 Zuletzt R. Petras, Das Café Bauer in Berlin, Berlin 1994, S. 27 f.

8 Vgl. Ilja Mieck in: W. Ribbe (Hg.), Geschichte Berlins, I. Von den Anfängen bis zur Industrialisierung. München 1987, S. 587 f.

9 Zur Geschichte der Konditorei Kranzler Landesarchiv Berlin (LAB) A Rep. 225 Nr. 1038 sowie Petras, Bauer ... (wie in Anm. 7) S. 28 f.

10 Ebenda S. 33ff. Früher eröffnete Wiener Cafés waren gänzlich unbedeutend. Vgl. Berlin und seine Bauten ... (wie in Anm. 6), S. 14 f.

11 Petras, Café Bauer ... (wie in Anm. 7), S. 43.

12 Der Bär, Illustrierte Wochenschrift für vaterländische Geschichte, 1893, S. 107.

13 Das Café Picadilly befand sich im Komplex Haus Potsdam, welches 1914 in Haus Vaterland umbenannt wurde. Vgl. H. Ostwald, Berliner Kaffeehäuser. Großstadt-Dokumente Bd. 7, Berlin o.J. (1905), S. 3 f.; Berlin und seine Bauten ... (wie in Anm. 6) S. 66 ff.

14 Ebenda S. 1.

15 K. R. Allen, Hungrige Metropole. Essen, Wohlfahrt und Kommerz in Berlin, Hamburg 2002, S. 95 ff. Vgl. LAB A Rep. 225 Nr. 505 sowie LAB A Rep. 225 Nr. 737/3.

16 Ebenda.

17 Zu den Volksküchen s. P. Lummel, in: Museumsverband des Landes Brandenburg (Hg.), Ortstermine, Berlin 2001, S. 93 f.; zu den Volkskaffeehallen: GStA PK (Geheimes Staatsarchiv Preußischer Kulturbesitz) Rep. 120 Nr. 123 sowie Geschäftsberichte der Volks-Kaffee- und Speise-Hallen-Gesellschaft, Berlin 1893–1909 (Bibliothek des Diakonischen Werkes Berlin, B 232).

18 Ostwald, Kaffeehäuser ... (wie in Anm. 13), S. 6 f., 64 ff.

19 LAB A Pr.Br.Rep. 030 Tit. 41 Gastwirtschaftssachen Bd. 11 (1900) Blatt 302.

20 H. Poetzsch, Das Berliner Caféhaus-Gewerbe, Die wirtschaftliche Lage der Angestellten, S. 49 f.

21 Vgl. zuletzt: E. Pracht, M. Kempinski & Co, Berlin 1994, S. 72 ff.

22 E. Pauly (Hg.), 20 Jahre Café des Westens. Erinnerungen vom Kurfürstendamm, Berlin 1913/14, S. 59

23 Vgl. LAB A Rep. 225 Nr. 1038.

24 Zuletzt M. Rössner (Hg.), Literarische Kaffeehäuser. Kaffeeliteraten. Wien u.a. 1999, S. 108 ff.

25 Zur neuen Sachlichkeit und Art Deco in Berliner Cafés s. Berlin und seine Bauten, herausgegeben vom Architekten- und Ingenieurs-Verein zu Berlin, VIII, Bd. B, Berlin u.a. 1980, S. 80–84.

26 LAB B Rep. 225 Nr. 696.

27 Ebenda.

28 LAB B Rep. 207 Nr. 6172. 8 Tage nach der Konzession starb Kutschera.

29 Vgl. LAB B Rep. 207 Nr. 6193, Blatt 33.

30 Ebenda Blatt 83: Nacht-Depesche vom 15.1.1968 zum 125jährigen Jubiläum des Café Schilling.

31 LAB B Rep. 207 Nr. 6169 sowie Berlin und seine Bauten ... (wie in Anm. 26), S. 94 f.

32 LAB F Rep. 240 Nr. 7.6./1.

33 Fernseh- und UKW-Turm Berlin. Hauptstadt der DDR, 1970 (LAB Bibliothek B507-32).

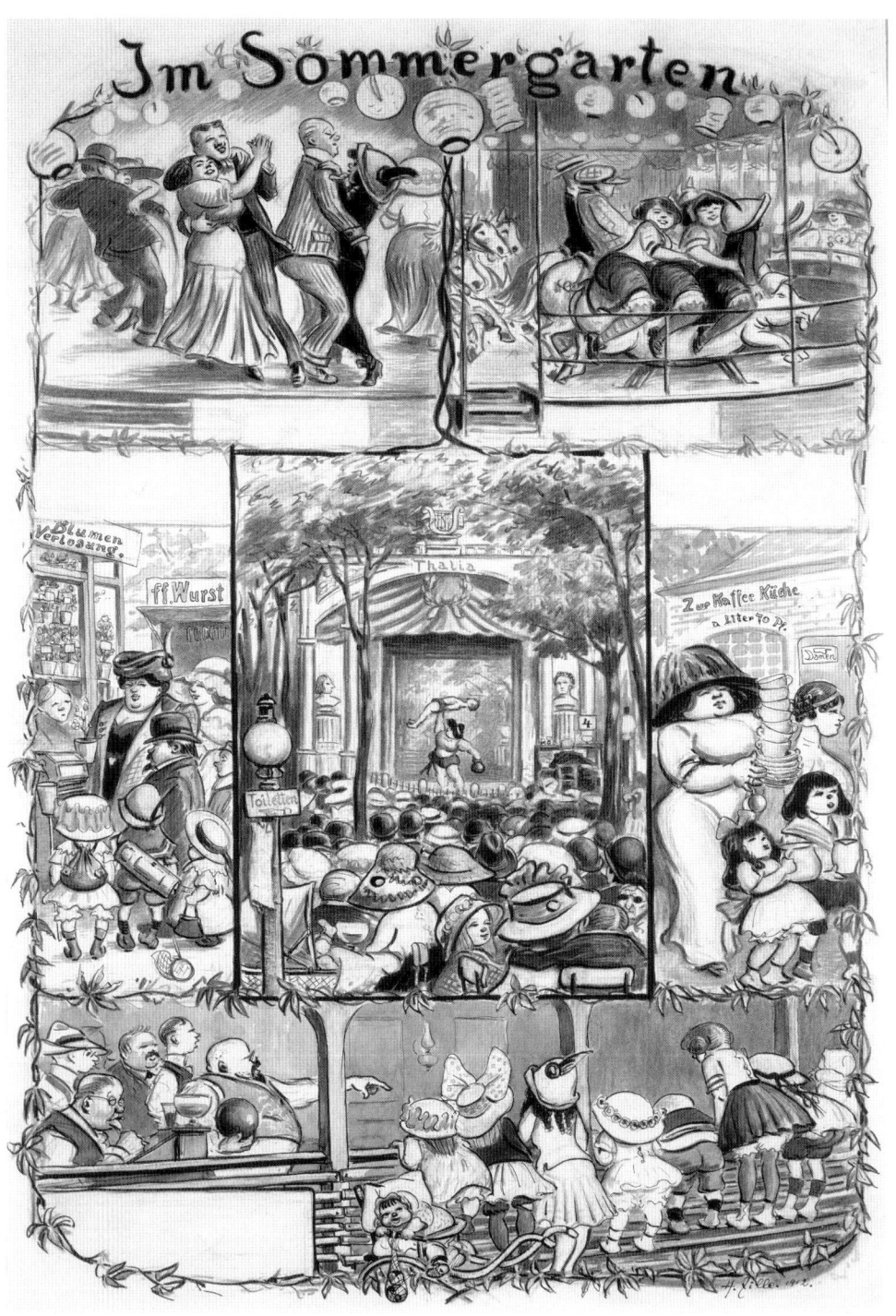

Im Sommergarten, Zeichnung von Heinrich Zille, 1912

bettina biedermann

hier können familien

kaffee kochen

kaffee trinken im grünen

Mitten hier in dem Gewühle / stehen Bänke, Tisch' und Stühle / Kannen, Tassen sieht man blinken, / Matte von des Tages Schwüle / kommen hierher um zu trinken, / Dass des Kaffee-geist's Gebräue / Ihnen Munterkeit verleihe.[1]

Schon im 18. Jahrhundert war der Tiergarten, nach seiner Umwandlung von einem kurfürst-lichen Jagdrevier in einen Lustgarten, eines der Hauptziele der Berliner Bevölkerung für ei-nen sonntäglichen Ausflug ins Grüne geworden.[2] Obwohl die Errichtung von Gastwirtschaf-ten im Tiergarten verboten war, erhielten zwei Hugenotten die Genehmigung, so genannte Sommerwirtschaften zu eröffnen.[3] Die Lokale durften nur provisorisch aus Leinwand errich-tet werden und wurden im Winter wieder abgebaut. 1767 erhielt einer der Betreiber die Er-laubnis, eine feste Hütte aufstellen zu dürfen, ab 1786 konnten die Lokale auch im Winter betrieben werden. So entstanden nach vielen Um- und Neubauten die bekannten „Zelten-Lokale" und auch die Straße im Tiergarten hieß noch bis vor einigen Jahren In den Zelten. Die Geschichte des Kaffees unter freiem Himmel begann für Preußen in Treptow. Dort exis-tierte um 1730 ein zu einem Gut gehörender Vorwerksbetrieb, der mit der Bewirtung von Ausflüglern und Naturfreunden begann, sich eine weitere Erwerbsquelle zu erschließen. 1734 wurde das Haus um ein weiteres Stockwerk, eine Kegelbahn und eine Kaffeeschenke erweitert.[4] Ein Bericht aus dem Jahr 1751 bestätigt, dass *die Wirtschaft, da besonders des*

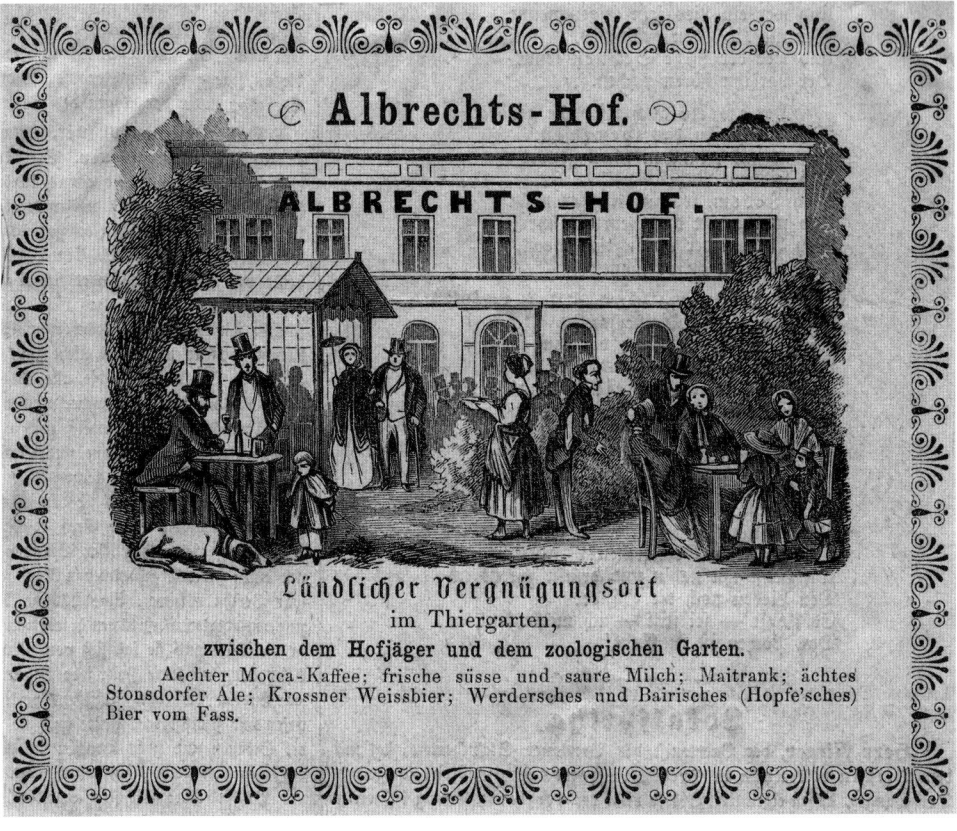

Albrechts-Hof.

ALBRECHTS=HOF.

Ländlicher Vergnügungsort
im Thiergarten,
zwischen dem Hofjäger und dem zoologischen Garten.

Aechter Mocca-Kaffee; frische süsse und saure Milch; Maitrank; ächtes
Stonsdorfer Ale; Krossner Weissbier; Werdersches und Bairisches (Hopfe'sches)
Bier vom Fass.

Albrechts-Hof. Ländlicher Vergnügungsort im Thiergarten, vor 1850

Sommers sich viele Menschen aus der Residenz hierher begaben, um sich im grünen Busche mit Spazieren zu divertieren, in dem sehr viel Getränke consumirt, auch die Hälfte mit Speisung gegen reichlich Bezahlung accomodiret worden, einträglich gewesen sei.[5] Allerdings verfügte der alte Gasthof an großen Geschäftstagen nicht über genügend Kapazitäten zur Bewirtung aller Ausflügler. Sächsische Einwanderer begannen, in ihren benachbarten Obstgärten die Ausflügler mit Kaffee zu bewirten. 1799 beschwerte sich der Pächter des Vorwerkgasthauses beim Hohen Rat der Stadt über die neue Konkurrenz. Deswegen mussten sich die Kolonisten verpflichten, die Abgabe von Kaffee und anderen Getränken einzustellen. Eine sächsische Kolonistin gab nun nur noch kochendes Wasser und Geschirr gegen Entgelt aus, die Gäste brachten gemahlenen Kaffee mit und kochten ihn selbst. Ihre Nachbarn übernahmen die Idee, und bald stand an jedem Eingang zu den Gärten *Hier können Familien Kaffee kochen*. Der Betreiber des Gasthofs klagte auch gegen diese Praxis. Die Gerichte sahen allerdings im Verkauf von heißem Wasser keine Umgehung der Pflicht zum Erwerb einer Schankkonzession. So hat die Idee *Hier können Familien Kaffee kochen* in Treptow ihren Ausgang genommen. Schnell fanden die Kaffeeküchen in anderen Ausflugslokalen in und um Berlin Nachahmung.

Hier können Familien Kaffee kochen, Gemälde von Hans Baluschek, 1895

Treptow entwickelte sich zu einem beliebten Ausflugsort für die Berliner. Die Kolonisten-
häuser entlang der Spree wurden verkauft und es entstanden Bier- und Kaffeegärten zur
zwanglosen Erholung im Kontrast zum Gasthaus Zenner, das im *eleganten Styl* für das fei-
nere Publikum nach der Auflösung des Vorwerks errichtet worden war.[6] Doch auch das Gasthaus Zenner betrieb bald eine Kaffeeküche.

Rund um Berlin wurden in der Folgezeit zahlreiche weitere Ausflugslokale gegründet. Bis in
die Mitte des 19. Jahrhunderts pilgerten die Berliner am Sonntag zu Fuß aufs Land. Dieses
begann gleich hinter den Stadttoren. Für Spaziergänger besonders attraktiv waren die nahe
gelegenen Ziele wie die berühmten Sommerlokale im Tiergarten hinter dem Potsdamer und
dem Brandenburger Tor. Die schon erwähnten Zelte waren darunter, berühmt waren auch
der Moritzhof, Teichmanns Blumengarten in der Tiergartenstraße, oder der Albrechts-Hof.
Beliebte Ausflugsziele waren neben dem Tiergarten die Hasenheide, Treptow und Moabit,
aber auch Kreuzberg, Wilmersdorf, Schöneberg, Steglitz und nicht zuletzt der Grunewald.
Dorthin dauerte allerdings selbst für diejenigen, die sich eine Wagenfahrt auf den sandigen
Wegen leisten konnten, ein Ausflug mehrere Stunden.

Hinweisschild eines Grünauer Gartenlokals: Hier können Familien Kaffee kochen,
um 1920

Die meisten „ritten" jedoch auf Schusters Rappen hinaus ins Grüne. So beschreibt eine Berlinerin eine typische sonntägliche Wanderung in ihrer Kindheit in den dreißiger und vierziger Jahren des 19. Jahrhunderts: *Am günstigsten für unsere Familie zu einem solchen Ausflug war Schöneberg, weil es am nähesten lag. Es hatte noch ganz kleine Häuser mit Gärten, hinter denen sich Getreidefelder weithin ausdehnten. Wenn man, aus der Leipziger Straße kommend, über den Platz schreitend, in die Potsdamer Straße trat, so war man schon ganz wie auf dem Lande. In der dicht mit Bäumen bestandenen Straße gab es nur spärlich erst einige Häuser, und hinter der Potsdamer Brücke ... hörten die Häuser fast ganz auf. Zu beiden Seiten der Straße zogen sich Wiesen und Felder hin ... Und auch der Kreuzberg vor dem Halleschen Tore war in jenen Zeiten, d. h. in den dreißiger und vierziger Jahren, mit einer „Kaffeeküche" versehen.*[7]

Die weitere Entwicklung von Ausflugslokalen hing unmittelbar mit der steigenden Mobilität der Berliner zusammen. Bereits um 1800 waren so genannte Torwagen eingeführt worden, die eine Verbindung zwischen den einzelnen Stadttoren herstellten. Eine solche Fahrt konnten sich jedoch nur wenige leisten. Die Wagen fuhren erst ab, wenn alle Plätze besetzt waren. Die erste staatliche Konzession für einen nach Fahrplan geregelten Wagenverkehr erhielt 1825 Simon Kremser, nach dem die heute noch beliebten Kremserfahrten benannt wurden. Vom Brandenburger Tor aus konnte man nicht nur nach Charlottenburg fahren, das wegen seiner zahlreichen Kaffee- und Biergärten ein beliebtes Ziel war, sondern u. a. auch nach Stralau, Pankow, Moabit, Wilmersdorf oder Rixdorf.[8]

Die erste Eisenbahnverbindung in Preußen, die 1838 eröffnete Strecke von Berlin nach Potsdam, verbesserte fortan die Ausflugsmöglichkeiten an die Havel. Der Grunewald, eines der beliebtesten Ausflugsziele der Berliner, wurde durch den Ausbau moderner Bahnstrecken und Dampferlinien Ende des 19. Jahrhunderts zu einem Besuchermagneten. Entlang der Seen im Grunewald lagen viele Ausflugslokale: Die alte Fischerhütte am Schlachtensee, der erste Kaffeegarten im Grunewald und Onkel Toms Hütte in der Nähe der Krummen Lanke stammen aus dieser Zeit.[9]

Die inzwischen mannigfaltigen Transportmöglichkeiten, mit denen die Berliner zu ihren sonntäglichen Vergnügungen „nach Mutta Jrün" aufbrachen, wurden 1887 so beschrieben: *Dampfer und Pferdebahnen, Omnibus und Droschken, Stadt- und Ringbahnen, Vorortzüge und Kremser, Kinderwagen und Karossen aller Art, Möbel- und Schlächterwagen, durch quergelegte Bretter wohltuend gepolstert – sie alle haben heute fast übermenschlich zu tun, diese Schwärme Vergnügungslustiger an Ort und Ziel hinauszuführen. Und wie heute, so geht es sommerlang allsonntäglich.*[10]

Der Sonntag war für viele Menschen – wenn sie nicht gar sieben Tage die Woche arbeiten mussten – der einzige Tag, an dem sie sich von den Mühen des Alltags erholen konnten. Die schlechten Arbeits- und Wohnbedingungen der Berliner Arbeiter und Kleinbürger bildeten im 19. Jahrhundert den Hintergrund für den Wunsch nach Luft, Sonne und etwas Freiraum im Grünen. Das Land wurde zur vermeintlich heilen Gegenwelt zur Stadt stilisiert. Die Auswirkungen der Industrialisierung, die Armut der unteren Schichten und das Erleben sich

Der Sonntagskaffee schmeckte offensichtlich in der Masse am besten!
Großes Berliner Ausflugslokal, 1926

Weltstädtisch und selbstbewußt zeigten sich die Berlinerinnen im Ausflugslokal!
Im Cafégarten, Gemälde von Ernst Ludwig Kirchner, 1912

dauernd wandelnder Verhältnisse riefen Sehnsucht nach Beständigkeit, Natürlichkeit und Ursprünglichkeit hervor.[11] Kritische Zeitgenossen kommentierten allerdings bereits damals: *Man muss sich selbst unter dieses kleine, gedrückte und geplagte Berliner Bürgerthum mischen, welches des Sommers an Sonntagnachmittagen zu allen Thoren hinauszieht, um abends todtmüde heimzukehren. Da wandert ein Mann mit seiner Frau, drei großen Töchtern und einem Sohne, in der brennendsten Sonnenhitze eine Stunde lang durch die traurigste Sandwüste, um endlich in einem so genannten „Garten" sich zu erholen. Und woraus besteht dieser Garten? Aus einem eingefriedigten Sandfeld, in dem ein paar verdorrte und verkrüppelte Bäumchen umherstehen und wo man unter den mitgenommenen und hier aufgespannten Regenschirmen Schutz vor dem heftigen Sonnenbrande suchen muss. … So sitzt man ein paar Stunden zusammen, findet das kleinste grüne Blatt „wunderschön" und kehrt am Abend zu den Lasten und dem Jammer einer ganzen Woche zurück. Das ist die Sommervergnügung der kleinen Berlinischen Bürgerfamilie.*[12]

Um die Wende zum 20. Jahrhundert stiegen die Ansprüche der Ausflügler, und neben den einfachen Ausflugslokalen entwickelten sich riesige Vergnügungsgaststätten, die ihre Gäste mit Theater- und Varietévorstellungen, Kahnfahrten und Feuerwerk am Abend amüsierten. So abwechslungsreich diese Gaststätten auch gestaltet waren, eine Kaffeeküche durfte nicht fehlen. Die Wirtshäuser in Halensee lockten die luft- und sonnenhungrigen Stadtmenschen mit Tanzsälen, Kegelbahnen, und vor allem mit Konzerten, bei denen beliebte Orchester und Militärkapellen vom ersten Frühlingstag bis in den Herbst hinein jeden Sonntag aufspielten.[13] Rund um den Wilmersdorfer See[14] entstanden Ausflugs- und Erholungslokale, die sich zu einem der beliebtesten Ausflugsziele der Berliner entwickelten. Ausgangspunkt war das berühmte Schramm's Seebad Wilmersdorf. 1897 kaufte der Bauer Otto Schramm am Wilmersdorfer See ein Stück Land und eröffnete dort eine Badeanstalt und einen Restaurationsbetrieb: In Zeitungsannoncen warb das Seebad Wilmersdorf mit einem großen *Militair-Frühconcert,* Tanzvergnügen und selbstverständlich mit einer Kaffee-Küche.[15]

Die große Massenbewegung hinaus ins Grüne fand nun in den Jahrzehnten zwischen 1900 und 1930 ihren Höhepunkt. Die moderneren Verkehrsmittel brachten immer mehr Menschen aus der Millionenstadt zu ihren Ausflugszielen. Die Gartenlokale boten mehrere tausend Sitzplätze im Freien. Von einem Restaurationsbetrieb in der Hasenheide, dem Biergarten der Schultheiss-Brauerei, der selbstverständlich über eine Kaffeeküche verfügte, wird sogar von 12 000 Plätzen im Garten des Lokals berichtet.[16] Offenbar suchten die Stadtbewohner trotz aller Sehnsucht nach Natur nicht die Einsamkeit. Die gigantischen Gartenlokale boten den Ausflüglern hauptsächlich die Möglichkeit zu Geselligkeit mit anderen.

Schon in den zwanziger Jahren war die große Zeit der Ausflugslokale langsam vorbei. Das Freizeitverhalten der Großstadtbevölkerung veränderte sich, die vielfältigen Angebote der Kino- und Tanzpaläste und anderer gastronomischer „Oasen" zogen nun die Besucher in Massen an. Und während des Zweiten Weltkriegs war bereits eine große Anzahl der Gartenlokale zerstört worden, nach dem Mauerbau 1961 wurden viele endgültig geschlossen. Doch bis in die fünfziger Jahre des 20. Jahrhunderts hinein konnten Familien in Berlin in einigen Gartenlokalen ihren Kaffee noch immer frei nach dem traditionsreichen Motto einnehmen: *Der alte Brauch wird nicht gebrochen, hier können Familien Kaffee kochen.*

1   A. Glaßbrenner, Berlin wie es isst und – trinkt. 1835–1850, Bd.1 (der Stralower Fischzug), Leipzig 1987, S. 38 f.
2   Vgl. zum folgenden: H.-P. Doege, in: Berlinische Monatsschrift, Heft 11/1999, S. 11–20.
3   Vgl. zu den frühen Kaffeegärten in Berlin den Beitrag von S. Keunecke in diesem Band.
4   E. Specht, Treptow wie es war und wurde, Berlin 1935, S. 26 f.
5   Ebenda, S. 28.
6   Ebenda, S. 32 ff.
7   Das alte Berlin, Erinnerungen von Agathe Nalli-Rutenberg, Berlin 1905, S. 62 f.
8   Vgl. Stadtgeschichtliches Museum Spandau / Museum im Frey-Haus Stadt Brandenburg (Hg.), „Kinder, so im Freien is' man doch erst richtig Mensch!" Ausflugslokale entlang der Havel, Berlin 1994, S. 9.
9   Ebenda, S. 82.
10 A. Trinius, Die Umgebung der Kaiserstadt in Wort und Bild, Berlin 1887, S 49.
11 S. Göttsch, in: U. Meiners, K.-H. Ziessow (Hg.), Dinge und Menschen. Geschichte, Sachkultur, Museologie, Cloppenburg 2000, S. 154.
12 F. Sass, Berlin in seiner neuesten Zeit und Entwicklung, Leipzig 1846. S. 330 f, zitiert nach: Preußen. Zur Sozialgeschichte eines Staates, Eine Darstellung in Quellen, Ausstellungskatalog, Bd. 3, Berlin 1981, S. 300 f.
13 Vgl. E. R. Majewski, Geschichten aus dem alten Halensee, vom Lunapark und vom Kurfürstendamm, Berlin 1983.
14 Der Wilmersdorfer See lag hinter der noch heute existierenden evangelischen Kirche in der Wilhelmsaue und wurde 1915 zugeschüttet.
15 H.-J. Rasch, Die Dörfer in Berlin, Ein Handbuch der ehemaligen Landgemeinden im Stadtgebiet von Berlin, Berlin 1988, S. 372.
16 L. Uebel, Viel Vergnügen. Die Geschichte der Vergnügungsstätten rund um den Kreuzberg und die Hasenheide, Berlin 1985, S. 126.

Frauen bei der Kaffee-Zubereitung in einer Kantine der Siemens-Werke Berlin, um 1900

ulrike thoms

er stärkt und nährt die matten glieder

kaffee in der arbeitswelt

Eine einzige, einheitliche Arbeitswelt gibt es nicht: Die Arbeitswelt eines Bauarbeiters oder Bauern ist vollkommen anders als die von Büroangestellten und Wissenschaftlern. Erstere verbrauchen bei ihrer Arbeit viel Energie und müssen entsprechend oft und viel essen, letztere strengen sich körperlich kaum an und fühlen sich durch einen vollen Bauch eher beschwert, ihre Erschöpfung macht sich geistig bemerkbar.

Aus dieser Erschöpfung erklärt sich auch die frühe Begeisterung der Intellektuellen für den Kaffee, da dieser die Gedanken wieder auf Trab bringt. Von vielen Dichtern und Wissenschaftlern ist ein exzessiver Kaffeekonsum überliefert. Honoré de Balzac (1799–1850) etwa, der überaus produktive Romanautor, trank zur Anregung täglich 40–60 Tassen Kaffee, deren halluzinatorische Wirkung er schätzte, denn *die Gedanken setzen sich in Marsch wie die Bataillone der Großen Armee auf dem Schlachtfeld, und die Schlacht wird ausgetragen. Die Erinnerungen kommen im Sturmschritt, mit ausgebreiteten Feldzeichen; die leichte Kavallerie der Vergleiche entfaltet sich in herrlichem Galopp.*[1]

Wegen dieser Kaffeebegeisterung der Intellektuellen ist es ist kein Zufall, dass sich Kaffee in Europa zuerst über die Kaffeehäuser verbreitete, jene zum Ende des 17. Jahrhunderts entstandenen Institutionen des geselligen Lebens, in denen sich nicht zuletzt Dichter, Literaten, Journalisten und Politiker zum täglichen Gedankenaustausch trafen.[2] Wie für Geschäftsleute und Börsenmakler, die hier Geschäfte abwickelten, Kunden trafen oder Informationen sammelten, war das Kaffeehaus Teil ihrer Arbeitswelt.[3]

Kleine Vesper mit Milchbrötchen und Kaffee auf dem Gemälde
Alte Frau beim Abendessen, 19. Jahrhundert

Von dieser öffentlichen Kaffeekultur waren die aufs Haus verwiesenen Frauen lange ausge-
schlossen: In ihrer Arbeitswelt bedeutete eine Tasse Kaffee einen kurzen Ausstieg aus einem
Alltag, der durch sich permanent wiederholende, monotone Arbeiten geprägt war. Dort, wo
der Kaffee mit der Nachbarin oder im Kaffeekränzchen getrunken wurde, durchbrach die
Kaffeepause kurzzeitig die Isolation nach außen und bot Gelegenheit für Gespräche.[4]
Zu Beginn des 19. Jahrhunderts hatte Kaffee einen festen Platz in der alltäglichen Arbeitswelt auch der kleinen Leute. In der Berliner Charité wurde er ab 1819 fester Bestandteil des

vom Krankenhaus an das Pflegepersonal ausgegebenen Frühstücks, weil die Wärter und Wärterinnen die verhassten Frühstückssuppen wegschütteten und sich stattdessen lieber auf eigene Kosten Kaffee brauten. Da die Charité eine staatliche Einrichtung war, lässt sich die Aufnahme des Kaffees als öffentliche Anerkennung des Kaffeekonsums der kleinen Leute deuten, welche die tatsächliche Entwicklung zeitversetzt bestätigte. Zudem sah man seinen besonderen Nutzen gerade für die Nachtwachen, *da eben dies Getränk die Wärterinnen munterer und zur nächtlichen Wartung aufgelegter macht.*[5]

Die anfänglich erhitzten Diskussionen um den medizinischen Wert des Kaffees wurden zwar noch fortgesetzt, hatten jedoch ihre Aufgeregtheit verloren.[6] Ihr Verlauf zeigte tiefgreifende Veränderungen, hatte doch etwa der an der Berliner Charité tätige Christoph Wilhelm Hufeland in seiner *Makrobiotik oder die Kunst das menschliche Leben zu verlängern* die Ansicht vertreten, jeder habe nur einen bestimmten Vorrat von Lebenskraft, den man weise einteilen müsse, um lange zu leben. Jede Aufregung, und so auch das Trinken von Kaffee, brauche diesen Vorrat frühzeitig auf.[7] Doch seit der Wende zum 19. Jahrhundert gewann die Überzeugung die Oberhand, dass Reize nicht schaden, sondern für die Erhaltung des Lebens unabdingbar sind.[8] Seitdem entwickelte sich unsere moderne Vorstellung von Reizen und Leistung: Auf Fortschritt orientiert, gehen wir häufig an die Grenzen, überschreiten sie stets um ein Weniges, um das Leistungsniveau hochzuschrauben. Kaffee wurde und wird auch dazu genutzt, die physiologische Ermüdung zu überwinden und weiter zu arbeiten, anstatt das körperliche Ruhebedürfnis zu befriedigen.[9]

Daher ist es auch kein Zufall, dass sich Kaffee zuerst in den frühgewerblichen, so genannten protoindustriellen Regionen, unter den Hütten- und Berg- und Textilarbeitern ausbreitete, wo unter den frühindustriellen Bedingungen alle körperlichen Kräfte mobilisiert werden mussten. In der industriellen Arbeitswelt war Kaffee deswegen so erfolgreich, weil er den

Kaffeemaschine beachtlichen Ausmaßes im Kreiskrankenhaus Stubenrauchstraße, Berlin-Lichterfelde. Foto, 1928

*Kaffeekannen aus Blech
wie sie in die Fabriken mitgenommen
wurden, um 1900*

Vorstellungen vom Körper als Maschine entgegenkam. Als man um 1800 begann, Empfehlungen zur Zusammensetzung der täglichen Kost auszusprechen, wurden die Nahrungsrationen wie betriebstechnische Anweisungen für den optimalen Betrieb der Körpermaschine aufgefasst. Das Ziel war dessen komplikationsloser Lauf sowie größtmögliche Effizienz und Ökonomie.

Seit 1860 war zwar die Ansicht widerlegt, dass Kaffee Nahrungsbedürfnis reduzieren könne,[10] doch schätzte man ihn nun besonders, weil er die Körpermaschine in Schwung hielt. Der berühmte Hygieniker Max Pettenkofer verglich 1873 Kaffee *mit der Anwendung der richtigen Schmiere bei Bewegungsmaschinen ... welche zwar nicht die Dampfkraft ersetzen kann, aber zu einer viel leichteren und regelmäßigeren Wirksamkeit verhilft und außerdem der Abnutzung der Maschine ganz wesentlich vorbeugt.*[11] Tatsächlich unterbrachen Kaffeepausen die langen Arbeitszeiten und sorgten schon damit für eine Unterbrechung der monotonen Beschäftigung;[12] hinzu kam sein anregender, die Müdigkeit verscheuchender Effekt.

Der Begriff der „Kaffeepause" selbst ist relativ neu,[13] in den Quellen des 19. Jahrhunderts ist stets nur von „Frühstücks-" bzw. „Vesperpausen" die Rede. Dies ist damit zu erklären, dass die männlichen Arbeiter, die es sich leisten konnten, lange eben keinen Kaffee, sondern Bier zum zweiten Frühstück tranken, das zusammen mit Brot, Wurst und Käse eine nahrhafte Mahlzeit ergab.[14] Das erste Frühstück dagegen, frühmorgens direkt nach dem Aufstehen und vor dem Weg zur Arbeit eingenommen, bestand in der Regel nur aus Kaffee, eventuell mit Brot, weil zu früher Stunde der Appetit noch gering und die Zeit äußerst knapp war.[15] Ganz anders jedoch sah die Situation bei den Arbeiterinnen und Ehefrauen der Arbeiter aus: Wie Elisabeth Gnauck-Kühne in ihrer Untersuchung über *Die Lage der Arbeiterinnen der Berliner Papierwaren-Industrie* 1896 beschrieb, konnten sich Arbeiterinnen schon aufgrund

Heißer Kaffee wurde auch auf der Straße, vor Fabriktoren und auf dem Fabrikgelände verkauft. Kaffee- und Speisewagen, um 1904

ihrer niedrigen Löhne nur selten warmes Essen aus der Fabrikkantine leisten. Sie mussten sich meist mit Kaffee und Schrippen zufrieden geben, und zwar nicht nur zum Frühstück, sondern auch zum Mittagessen.[16] Noch am Vorabend des Zweiten Weltkrieges wurde für die weiblichen Angestellten berichtet, dass sie nur zu Hause bzw. am Wochenende warmes Essen bekamen,[17] so dass Kaffee hier in seiner Kombination mit Brot auch die Illusion eines warmen Mittagessens aufrechterhalten musste.

Am Ende des 19. Jahrhunderts stellten viele Betriebe die Versorgung ihrer Mitarbeiter mit Kaffee sicher, oft allerdings nur notdürftig: 1896 hatten in Berlin nur drei von 72 Betrieben einen besonderen Raum zum Kochen, nur fünf einen eigenen Speiseraum; nur zwei Betriebe hatten Möglichkeiten zum Kaffeekochen geschaffen, einige gestatteten allerdings, die vorhandenen betriebstechnischen Einrichtungen auch zur Kaffeebereitung zu benutzen. Vielfach waren die Arbeiter und Arbeiterinnen gezwungen, sich selbst einen Spirituskocher mitzubringen, wenn sie Kaffee haben wollten. Oft wurde bestimmt, dass eine oder einer aus ihrer Mitte für eine geringe Vergütung den Kaffee für alle kochte. Die meisten jedoch brachten *Kaffee in der engen hohen Henkelkanne, das „Fabrikwappen" genannt, fertig von Haus mit und trinken ihn mittags und nachmittags kalt.*[18]

In den Berichten der Gewerbeaufsichtsbeamten wurden die Folgen für die Gesundheit der Arbeiterinnen ebenso beklagt wie die Wahrnehmung, dass viele verheiratete Frauen auch für ihre Kinder kein warmes Mittagessen kochten, sondern sie mit Kaffee und Brot abspeisten.[19] Dabei war nicht der Kaffee an sich ein Problem für die Bevölkerung, wohl aber die schlechte Kaffeequalität und die Beschränkung auf eine reine Kaffee-Brot-Nahrung. Schon, um den Arbeitern Alternativen zur Kaffeekost aufzuzeigen, forderte man daher die Einrichtung von Haushaltungsschulen für die weibliche Jugend.[20]

Preis-Verzeichniss.

Speisen.	Pfg.		Pfg.		Pfg.
Blutwurst . . . . . . 1/8 Pfd.	7	Brötchen oder Schrippe, 2 Stck.	5	Stralsunder . . . . . 0,1 Ltr.	10
Braunschweiger Wurst . . „	11	„ „ 1 „	3	Nordhäuser . . . . . . „	10
Landleberwurst . . . „	10	„ „ belegt	12	Rum . . . . „	24
ff. Leberwurst . . . . „	12	Cakes . . . . à Pack 40, 20 u.	10	Stonsdorfer . . . . . „	15
Zwiebelleberwurst . . . „	8			Wermuth . . . . . „	10
Mettwurst . . . . . „	9			Gemischte Sorten . . . „	10
Polnische Wurst . . . „	10				
Presswurst . . . . . „	8				
Thüringer Wurst . . . „	10				
Zungenwurst . . . . „	12				
Salamiwurst, hart . . „	17	Brathering (Preis veränderlich) .	8	Kaffee, weiss od. schwarz 4/10 Ltr.	5
„ weich . . „	14	Rauchhering . . . . Stck.	15	Milch . . . . „	8
Schlackwurst, hart . . „	17	Rollhering . . . . . „	4	Zucker . . . . . . 90 Gramm	5
„ weich . . „	14	Saurer Hering . . . . „	8	Bouillon . . . . . Flasche	15
Schabefleisch . . . . „	12	Salzhering (Preis veränderlich) .	7	Esslöffel	10
Schinken, gefüllter . . „	12	Sardellen . . . . Stck.	3	Kaffeetopf	13
„ gekochter . . „	18	Oel-Sardinen . . . . Dose	36	Bestellblocs	5
„ roher . . „	16	Saure oder Pfeffer-Gurke Stck.	7		
Schweinebraten . . . „	18				
Magerer Speck . . . „	10				
Sülze . . . . „	8				
Sülzwurst . . . . . „	8				
Pökelfleisch . . . . „	13			**Tabak.**	
1 Paar Knoblauchwürste . . .	9			Cigarren . . . . 4, 5 und	6
1 Bockwurst	15			Cigaretten . . . . 6 Stück	10
Geräucherter Lachs . . 1/8 Pfd.	20	**Getränke.**		Cigaretten in Packeten . . .	18
		Bairisches Bier . . . 0,4 Ltr.	8	Kautabak . . . . 1 Rolle	4
		Weiss-Bier . . . . 0,5 „	8	Twist . . . . . . 1 „	7
		Malz-Bier, Caramell . Flasche	8	Schnupftabak, Schmalzler . . .	10
		Apfelblümchen . . . „	12	„ Veilchen . . .	10
		Selterser . . . . . „	6	„ Stargarder . . .	10
		Limonade . . . . . „	10		
		Apfelwein . . . . Liter	30		
		Rothwein . . . gr. Flasche	70		
		„ kl. „	40		
Bierkäse . . . . 1/8 Pfd.	8	Portwein . . . 1 Flasche	110	**Verschiedenes.**	
Tilsiter Käse . . . . „	9	Stonsdorfer . . . 1 „	120	Kaffee in Packeten . . 1/2 Pfd.	55
Schweizer Käse . . . „	11	Himbeer . . . . 1 „	110	Kakao in Packeten . . 1/4 „	40
Ramatour . . . . 1/4 Stck.	9	Cognac . . . . 1 „	160	„ 1/2 „	80
Frühstückskäse . 1 „	10	Rum . . . . . 1 „	170	Mostrich m. Glas, kl. 11 Pfg., gr.	25
Harzer Käse . . . . 1 „	3	Thorner Tropfen 1 „	75	„ lose in Gl. gef., kl. 3 Pf., gr.	10
Spitzkäse . . . . 1 „	8	Arac, Grogk, Punsch . 0,1 Ltr.	20	Gr. Mostrichdeckel . . .	4
Sahnenkäse □ . . . 1/4 „	8	Citron, Himbeer, Ingber . . „	20	Kl. „ . . .	3
Eier (Preis veränderlich) . . .	—	Danziger Tropfen . . . „	20	Gr. Korkeinlage . . .	2
Butter . . . . . Pfd.	—	Ingber-Magenwein . . „	20	Kl. „ . . .	1
Belegtes Butterbrot . . .	13	ff. Bitter, ff. Luft, Zimmt „	20	Elfenbeinseife	10
Doppeltes Butterbrot, belegt .	18	Cognac . . . . . „	20	Bimssteinseife	7
Brot, Brödchen oder Schrippe ge-schmiert . . .	5	Doppel-Bitter, Doppel-Kümmel . . „	10	Malz-Bonbon . . . . Düte	15

[handwritten center:] incl. 10 Pfg. Pfand

Buchdruckerei Osten, Berlin O., Tilsiterstrasse 6.

Preis-Verzeichnis der Kantine der Siemens-Schuckert Werke, 1905

Diese Ansichten teilte auch die Mäßigkeitsbewegung, die in einer unzureichenden Ernährung die Hauptursache des Alkoholismus unter der Arbeiterschaft sah. Tatsächlich stieg der jährliche Alkoholkonsum, gerechnet in Reinalkohol, zwischen 1850 und 1870 von fünf auf nahezu sieben Liter pro Kopf an.[21] Eine breite, bürgerlich geprägte Literatur kritisierte die negativen Folgen bei der angeblich undiszipliniert trinkenden Arbeiterschaft: Demnach setzten Arbeiter den gesamten Wochenverdienst in Kneipen um, so dass für die Familien nichts zum Leben blieb und alle verwahrlosten. Auch hieß es, Trinker *arbeiten nicht nur schlecht, sondern sind auch schwer zu behandeln, verdienen weniger und geraten leicht in wirtschaftliche und häusliche Not.*[22]

Der Alkoholkonsum wurde in Zeiten fortschreitender industrieller Rationalisierung zu einem besonderen Problem, denn dadurch kam es zu einer enormen Verdichtung der Arbeitsabläufe und der Anforderungen an Konzentration und Reaktionsschnelligkeit. Obwohl es unter dem Einfluss von Alkohol immer wieder Unfälle gab, war an generelle Verbote zunächst nicht zu denken: Sie nützten wenig oder schadeten sogar der Arbeitsmoral. Darum suchten die Vertreter der Mäßigkeitsbewegung zunächst alternative Getränkeangebote zu schaffen. Hier kam dem Kaffee eine wichtige Stellung zu. Eine Galionsfigur dieses Kampfes war Lina Morgenstern, die 1866 die erste Berliner Volksküche begründete, um die unteren sozialen Klassen mit gesunder, nahrhafter und zugleich preisgünstiger Kost zu versorgen. Dort waren auch Kaffee und Frühstück im Angebot. Bis 1894 entstanden 16 über das gesamte Stadtgebiet verteilte Volksküchen, in denen Alkohol verpönt war. 1889 kamen die Volkskaffee- und Speisehallen von Erwin Minlos mit einem ähnlichen, doch kommerziellen Angebot hinzu.[23]

Die starke Präsenz dieser Hallen im gesamten Stadtgebiet sowie eine alle Preisklassen abdeckende kommerzielle Gastronomie[24] dürften wesentliche Gründe sein, warum sich in Berlin das betriebliche Kantinenwesen deutlich weniger stark entwickelte als im restlichen Preußen. Zumindest findet man in den Jahresberichten der Gewerbeaufsichtsbeamten kaum etwas über Berliner Einrichtungen, wohl dagegen über solche in den neuen industriellen Zentren z. B. des Ruhrgebiets. Dort gab es keine dichte gastronomische Infrastruktur wie in Berlin, auch machten oft die großen Entfernungen zwischen Wohn- und Arbeitsort eine Rückkehr nach Hause in der Mittagspause unmöglich. Hier sahen sich die Betriebe ebenso wie Wohlfahrtsorganisationen ganz anderen sozialen Verpflichtungen gegenüber, zumal in Hinblick auf die zugewanderten ledigen Arbeiter.

Verschiedene Organisationen schickten mobile Kaffee- und Speisewagen auf die Reise. Diese Wagen wurden von Hand, mitunter auch von Tieren gezogen und verfügten über dick isolierte Behälter, in die heißer Kaffee sowie Speisen eingefüllt und auf der Straße verkauft wurden. Weil es *nicht gelang, den Kaffeewagen resp. Karren rechtzeitig an die wichtigsten Arbeitsstätten zu schaffen,*[25] ließen auch die Unternehmen in den Werken selbst Kaffeewagen umherfahren. Sie waren gesetzlich verpflichtet, allen mit schweißtreibenden Arbeiten Beschäftigten ausreichend Getränke zur Verfügung zu stellen. Daher war es den Arbeitern im Berliner AEG-Werk 1927 ausdrücklich erlaubt, ihren Arbeitsplatz kurzfristig zu verlassen, um sich mit Getränken zu versorgen.[26] Durch die mobilen Angebote sparten die Arbeiter die Wege und die Unternehmen kostbare Arbeitszeit. Hinzu kamen hygienische Gründe: Gerade in der Sommerhitze bzw. an den heißen Produktionsstätten war die Qualität des Trinkwassers bakteriologisch oft bedenklich, Arbeitsausfälle durch Erkrankungen waren keine Seltenheit. Daher wurde noch 1930 geraten, Kaffee zu verabreichen,[27] der dann als Durstlöscher meist kalt ausgegeben wurde, so, wie viele Arbeiter ihn auch von zu Hause mitbrachten.

Der Kaffeeverkauf in Kantinen brachte im Gegensatz zum Bierverkauf kaum Gewinne. Reine Kaffeeschenken wurden daher vor allem von wohltätigen Vereinen eingerichtet. Kantinen, die auch Speisen anboten, wurden entweder von den Vereinen oder den Firmen selbst getragen oder verpachtet. Bei Borsig z. B. hatte 1898 ein Pächter die Bewirtschaftung der Kantine übernommen und verkaufte u. a. auch Kaffee zu fünf Pfennig die Tasse. Das Speisenangebot wurde nur geringfügig genutzt,[28] wie anderswo waren die in großer Vielfalt angebotenen Getränke Hauptverkaufsartikel. Obwohl Bier teuer, Kaffee dagegen das preiswerteste Getränk war, blieb Bier noch lange fester Bestandteil des Arbeiterfrühstücks. Selbst nach wiederholten schweren Unfällen wurde der Alkoholverzehr innerhalb der Fabrikräume nicht vollständig verboten, sondern nur beschränkt, so etwa bei der AEG, die 1939 den Genuss von zwei Flaschen Bier pro Kopf gestattete.[29]

Kaffee galt in der Arbeitswelt zum einen zwar als anregendes Getränk, war jedoch vor allem auch eine Ersatz- und Notlösung: Ersatz für ausgiebige Pausen, Ersatz für ein warmes Mittagessen zu Hause und Ersatz für das Bier. Diesen Behelfscharakter sah man auch den Verkaufsstellen an: Zubereitungseinrichtungen waren einfach an die Wände geschraubt, davor auf einem blanken Holztisch die zu füllenden Tassen, doch keine Theke, keine Durchreiche, kein Staubschutz für die Tassen.

Ähnlich und wenig anheimelnd war die Situation in den Pausenräumen, die mehr den Charakter von Fabrikationshallen hatten: Kahle Wände ohne jeden Schmuck, einfache Holztische und -bänke ohne Tischdecken, ohne Tischdekoration. Wenn dergleichen Räume schon als vorbildlich behandelt wurden, mag der Vorstellung der Leser überlassen bleiben, wie dann erst die behelfsmäßigen Einrichtungen direkt an den Arbeitsstätten selbst aussahen.

Der in den Fabriken angebotene Kaffee konnte aus Surrogaten bestehen, doch wurde auch der wesentlich teurere Bohnenkaffee verwendet, weil es ja schließlich auf die anregende Wirkung des Koffeins ankam: So z. B. in der Königlichen Porzellan-Manufaktur in Charlottenburg, wo auf je 100 Liter „Kaffee" 500 Gramm Bohnenkaffee und 500 Gramm Kaffeeschrot aus der Berliner Zichorienfabrik kamen.[30]

Die Physiologie war es auch, die zu Beginn des 20. Jahrhunderts zu neuerlichen Diskussionen über den Charakter der Pausen sorgte: Weil Arbeitsunterbrechungen oft nicht der Erholung dienten, sondern direkt am Werkplatz verbracht wurden, weil besondere Pausenräume fehlten, weil die Arbeiter die langen Wege dorthin scheuten oder weil die Maschinen weiterliefen und nebenbei gegessen werden musste.[31] Anders als im Handwerksbetrieb ließ sich in der Fabrik das Werkzeug ja nicht mehr einfach für einige Minuten aus der Hand legen, denn mit der zunehmenden Mechanisierung gaben die Produktionsmaschinen unerbittlich den Takt vor. Wenn die Gewerbeaufsichtsbeamten immer wieder auf die Einhaltung der Arbeitsordnungen und Pausen drängten, wurden sie darin von den Fabrikanten, nicht aber von den Arbeitern unterstützt. Die Ermüdungsstudien der Arbeitsphysiologie hatten schon um 1900 nachgewiesen, dass ununterbrochene, angestrengte Arbeit und unzureichende Nahrungszufuhr die Leistungskurve gegen Ende der Arbeitszeit ins Bodenlose fallen lässt und eine nur schwer zu überwindende chronische Übermüdung nach sich zieht, während regelmäßige Pausen das Leistungsniveau rasch wieder heben.[32] Solche Erholungsphasen lagen also im Interesse der auf hohe Produktivität bedachten Fabrikanten.

Die Arbeiter sahen dies anders: Sie wollten die Pausen möglichst auf ein Minimum reduzieren, da diese nicht zur Arbeitszeit zählten und damit die tägliche Anwesenheit im Betrieb entsprechend ausdehnten.[33] Bei Borsig in Berlin etwa setzten sie entgegen ärztlicher Warnungen die Verkürzung der Mittagspause auf 15 Minuten durch.[34]

Erst 1939, als im Zuge der Rüstungspolitik die Arbeitszeit verlängert worden war, konnte die Fabrikleitung der AEG in Berlin-Treptow die Pausenzeit von 15 auf 30 Minuten erhöhen, um so die zusätzliche Beanspruchung zu kompensieren.[35] Durchsetzbar war dies nur, weil Kantinen kriegswichtiger Betriebe höhere Nahrungsmittelzuweisungen erhielten und daher stärker frequentiert wurden.

Italienische Kaffeekultur und modernste Kaffeemaschinen-technik erobern erstmals deutsche Kantinen. Kaffee-maschine von Rowenta, 1955

Die seit dem 19. Jahrhundert weit verbreiteten kurzen Pausen reichten kaum dazu aus, das Mitgebrachte oder in den Kantinen Erworbene zu verzehren. Oft tranken und aßen die Arbeiter nur „nebenher", verzichteten häufig auf ein warmes Mittagessen. Kaffee und Brote wurden zur Standardkost und die Hauptmahlzeit wurde auf abends verlegt. Seit den späteren 1920er Jahren galt die mangelnde Attraktivität der Kantinenräume als Grund dafür. Da die innerbetriebliche Kommunikation für immer wichtiger gehalten wurde, suchte man sie durch eine ansprechende Gestaltung der Räume zu fördern, zuerst übrigens bei den Angestellten. Zunächst nur zögerlich, dann immer entschiedener, nahm die Innenarchitektur Einfluss auf die Kantineneinrichtung. Seit den 1950er Jahren unterschied sie sich in ihrer modernen Gestaltung kaum noch von den Milchbars und Cafeterias im öffentlichen Raum und nahm auch modische Elemente auf: So stellte die WMF im Jahr 1955 ihre erste Espressomaschine für den Cafeteriabetrieb vor, mit der italienisches Flair auch in den Kantinen Einzug hielt. Trotz der um 1900 einsetzenden Konkurrenz durch andere alkoholfreie Alternativen blieb Kaffee unangefochtener Spitzenreiter der in Kantinen abgesetzten Getränke, abgesehen von denen, die in den Büros gebraut oder von zuhause mitgebracht wurden.[36] Geradezu ideal entsprach er dem gebotenen Rationalitäts- und Rationalisierungsgedanken. Ihm passte sich bald auch die Zubereitungsform an: In den 1950er Jahren eroberten vollautomatische Kaffeemaschinen die Großküchen, ebenso waren Kaffeeautomaten verfügbar und wurden im Zuge einer weiteren, durch Arbeitskräfteknappheit ausgelösten Rationalisierungswelle auch mit hygienischen Argumenten angeboten. Diese Automaten gaben die noch heute übliche „Brühe" aus Pulverkaffee in Kunststoffbechern ab.[37] Spätestens mit ihnen war heißer Kaffee allzeit und allerorten verfügbar und kann mit gutem Recht als Signum moderner Geschäftigkeit angesehen werden, so wie Computer und Kaffeetasse als sinnträchtiges Emblem das Bild der modernen Arbeitswelt von heute widerspiegeln.

Der kleine „Kaffeerausch" gehört zum Arbeitsalltag. Bei aller Hast und Hetze ist die Kaffeetasse Mittelpunkt innerbetrieblicher Kommunikation: Der informelle Austausch des neuesten Firmenklatsches ist ohne die Tasse Kaffee unvollständig und je höher die Qualifikation und die Stufe in der Betriebshierarchie, desto weniger denkbar sind Arbeit und Besprechungen ohne Kaffee. Bei Besprechungen mit Firmenfremden gehört die Frage, ob eine Tasse Kaffee genehm sei, zum festen Begrüßungsritual. Die Frage, wer diesen Kaffee kocht, ist dagegen eines der ältesten Symbole für Betriebs- und Geschlechterhierarchien geblieben.

Welche zentrale Bedeutung der Kaffee im Leben des Geistesarbeiters, aber auch als Zentrum kollegialer Interaktion haben kann, zeigt auf amüsante Weise die Geschichte des *Trojan Coffee Room*, die im Jahr 1991 begann: 15 englische Wissenschaftler in einem Computerlabor in Cambridge teilten sich als arme, doch koffeinabhängige Akademiker eine einzige Kaffeemaschine. Sie waren es leid, den Weg aus dem Labor zu der weiter entfernt aufgestellten Maschine umsonst zu machen, weil andere die Kanne bereits geleert hatten. Daher bastelten sie eines Tages eine Kamera-Apparatur und schrieben ein entsprechendes Programm, mit dem sich von allen Computern des internen Netzwerkes ein Bild abrufen ließ, das den Füllstand der Kanne zeigte. Seit 1993 über das Internet weltweit zugänglich, erlangte der *Trojan Coffee Pot* bald Kultstatus.[38] Der hohe Identifikationsgrad geistig Schaffender mit dem Kaffeeproblem zeigte sich vollends in der Trauer, die sich verbreitete, als die Kanne im März 2001 ihren Geist aufgab. Die Mitglieder des *Coffee Clubs* entschlossen sich, sie im August in einer Internetauktion zu versteigern. Bezeichnend für den Kaffeekult ist, dass eine andere Denkfabrik, die Redaktion des *Spiegel* für stolze 10 742,70 Mark die wohl teuerste kaputte Kaffeemaschine der Welt erwarb. Ebenso bezeichnend ist, dass die früheren Besitzer sich von dem Erlös eine schicke, italienische Espressomaschine für 600 Pfund kaufen wollten.[39] Ein Blick in die Kaffeeküchen zeigt es: Der Lifestyle herrscht auch in Büro und Küche; ein schlichter Maschinenkaffee tut es nicht mehr und chromglänzend muss sie schon sein, so eine „richtige" Kaffeemaschine, die automatisch mahlt und mindestens auch eine Dampfdüse für das Aufschäumen der Milch hat: Jedenfalls konnten sich die Hersteller solch technischer Wunderwerke 2001 über gigantische Umsatzzuwächse freuen.

1 Zitiert nach M. Pendergrast, Kaffee, Wie eine Bohne die Welt veränderte, Bremen 2001, S. 28.

2 Zum Kaffeehaus: U. Heise, Kaffee und Kaffeehaus, Die Geschichte des Kaffees, Frankfurt a.M./2002, S. 155 ff.

3 Ebenda S. 168 f.

4 Zum Kaffeekonsum von Frauen v. a. H. Witzig und J. Tanner, in: D. U. Ball (Hg.), Kaffee im Spiegel europäischer Trinksitten/ Coffee in the context of European Drinking Habits, Zürich 1991, S. 153–167.

5 Universitäts-Archiv der Humboldt-Universität, Charité-Direktion, Nr. 1361 Bl. 37.

6 Dazu E. Heischkel-Artelt, in: Medizinhistorisches Journal 4, 1969, S. 250–260.

7 Vgl. Chr. W. Hufeland, Makrobiotik oder die Kunst, das menschliche Leben zu verlängern, Eingeleitet und herausgegeben von F. Lejeune, Stuttgart o. J.

8 U. Thoms, Die Kategorie Krankheit im Brennpunkt diätetischer Konzepte, in: Gerhard Neumann, Alois Wierlacher und Rainer Wild (Hg.), Essen und Lebensqualität. Natur- und kulturwissenschaftliche Perspektiven, Frankfurt/New York 2001, S. 87 ff.

9 So formuliert bei C. W. Ideler, Die allgemeine Diätetik für Gebildete, wissenschaftlich bearbeitet, Halle 1846, S. 183, zit. nach Ph. Sarasin, Reizbare Maschinen. Eine Geschichte des Körpers 1765–1914, Frankfurt/M. 2001, S. 212.

10 Heischkel-Artelt, (wie in Anm. 6) S. 258 f.

11 M. Pettenkofer, Ueber Nahrung und Fleischextrakt, Braunschweig 1873, S. 53.

12 H. J. Teuteberg, in: Ders. und G. Wiegelmann (Hg.), Unsere tägliche Kost. Geschichte und regionale Prägung, Münster 1986, S. 196.

13 So etwa im maßgeblichen Werk seiner Zeit: Grimm/Grimm: Deutsches Wörterbuch, Leipzig, Bd. 5, Leipzig 1873.

14 C. Zimmermann, in: H.P. Becht und J. Schadt (Hg.): Wirtschaft – Gesellschaft – Städte. Festschrift für Bernhard Kirchgässner zum 75. Geburtstag, Ulbstadt-Weiher 1998, S. 297–306.

15 Jahresberichte der Königlich Preußischen Regierungs- und Gewerberäthe und Bergbehörden für 1909. Amtliche Ausgabe, Berlin 1910, S. III f., 228.

16 E. Gnauck-Kühne, in: Jahrbuch für Gesetzgebung, Verwaltung und Volkswirtschaft im Deutschen Reich 20, 1896, S. 373–431, hier S. 429.

17 Dazu S. Suhr, Die weiblichen Angestellten. Arbeits- und Lebensverhältnis, Eine Umfrage des Zentralverbandes der Angestellten, Berlin 1930, S. 43 ff; O. Baader, Ein steiniger Weg. Lebenserinnerungen, Berlin 1931, S. 23.

18 Gnauck-Kühne, Jahrbuch … (wie in Anm. 16) S. 428.

19 Amtliche Mittheilungen 20, 1895, S. 678.

20 P. Schmidt, in: Der Arbeiterfreund 32, 1894, S. 372–395, hier S. 372–374.

21 Zahlen nach: J. S. Roberts: Drink Temperance and the Working Class in Nineteenth Century Germany, Sydney 1984, S. 44.

22 Daher verboten Polizeiverordnungen den Verkauf alkoholischer Getränke vor 8 Uhr morgens, vgl. den Bericht für den Regierungs-bezirk Liegnitz, in: Jahresberichte für 1907 (wie in Anm. 15), S. 176 f.

23 Vgl. K. R. Allen, in: Geschichtswerkstatt 31 (2002), S. 5–25.

24 Vgl. Ders.: Hungrige Metropole. Essen, Wohlfahrt und Kommerz in Berlin, Hamburg 2002.

25 Ebenda.

26 Vgl. Bekanntmachung betr. den Getränke-Verkauf vom 15. 7. 1927, in: Landesarchiv Berlin (LAB), A Rep. 227–03, Nr. 35, Bl. 42.

27 J. Frhr. Orgies-Ruthenberg, in: Arbeit und Ernährung, Berlin 1937, S. 64.

28 LAB, A Rep. 226, T 22: Casino und Konsum in Tegel (1898–1931).

29 Bekanntmachung der Direktion der AEG-Werke vom 20. 9. 1939, in: LAB, A Rep. 227–02, Nr. 35: Fabrik-Organisation, Wohlfahrts-Einrichtungen 1927–44, Bl. 67.

30 H. Albrecht, in: Der Arbeiterfreund 52, 1914, S. 123–263, hier 260; Teuteberg, Unsere täglich Kost (wie in Anm. 12) S. 199 f.

31 Zimmermann, Festschrift (wie in Anm. 14) S. 305 f.

32 Vgl. J. Tanner, Fabrikmahlzeit: Ernährungswissenschaft, Industriearbeit und Volksernährung in der Schweiz 1890–1950, Zürich 1999, S. 247–253.

33 Dazu E. Hofmann, in: Wissenschaftliche Zeitschrift der Humboldt-Universität, Ges.-sprachw. Reihe 20, 1971, S. 65–81, hier: S. 68.

33 H. Lindner und J. Schmalfuß, 150 Jahre Borsig Berlin-Tegel, Berlin 1987, S. 109.

34 Vgl. die Verfügung vom 22. 9. 1939, in: LAB A Rep. 227–02 [Apparate-Fabrik Treptow] Nr. 35, Bl. 68 f.

35 Vgl. die Angaben in: Deutscher Kantinenanzeiger 32, 1957, H. 10, S. 22–24.

36 H. Winter, in: Kantine & Großküche. Berliner Werksküche & Gastronomie Nr. 11, November 1965, S. 1–5.

37 Q. Stafford-Fraser, The Trojan Coffee Pot. A (non-technical) biography, in: http://www.cl.cam.ac.uk/coffee/qsf/coffee.html.

38 Vgl. http//www.spiegel.de/netzwelt/netzkultur/0,1518,174146,00.html.

keith r. allen

massai-mann
und tchibo-experte

kaffee-werbung und der reiz des fremden

Der erstmals 1582 veröffentlichte Reisebericht von Leonhart Rauwolfs *Reise in die Morgen-länder* machte als erster das europäische Lesepublikum mit dem Kaffeetrinken vertraut. Der Reiz, den Kaffee auf europäische Menschen ausübte und noch immer ausübt, hängt donn auch in oinom nicht geringen Maße von diesem Versprechen der Fremde ab. Das Titel-blatt der zweiten Ausgabe dieses Berichts aus der Feder des Augsburger Arztes und Botani-kers zeigt einen Mann in Beduinenkleidung, zwei Kamele führend. Ein mit dem arabischen Halbmond bedrucktes Tuch bedeckt eines der Kamele, darauf sitzt ein Affe. Mit ausgestreck-tem Arm und offener Handfläche fordert der Affe den kamelführenden Abenteurer zum Weitergehen auf: Ein paar Schritte noch, und unser beduinenhaft gewandeter Reiseführer wird mit einer spektakulären Aussicht aufs Meer belohnt, inklusive eines riesigen Segel-schiffs, das ins Unermessliche zu wachsen scheint, je mehr es sich dem Reisenden und sei-nen tierischen Gefährten nähert.[1]

Kaffee-Werbung mit einem exotischen
„Neger" vor dem Feinkostgeschäft Steidel,
Berlin-Neukölln, 1950er Jahre

Die personifizierte Europa trinkt Kaffee.
Lithographie um 1840

Europäische Reiseberichte aus dem 17. und 18. Jahrhundert schwelgten geradezu in den Topoi der Entdeckungen, des Abenteuers und, vielleicht am allermeisten, der orientalischen Exotik. Kaum ein Bericht über Kaffee kam in dieser Zeit ohne die Beschreibung bedienender Mohrenjungen, arabischer Kostüme, persischer Teppiche, edler Möbel und Wasserpfeifen aus. Als sich im 18. Jahrhundert Kaffee in Europa als Getränk durchzusetzen begann, entstanden neben den Orientphantasien neue Werbeformen. Sorgfältige Illustrationen zu Kaffeebohnen tauchen ebenso auf wie umfangreiche textlastige Abhandlungen, wie wir sie aus Handzettelwerbungen Londons kennen, wo um 1700 bereits über 2 000 Kaffeehäuser das exotische Getränk anboten.

Um 1500 war Europa eine der wenigen Weltregionen, in denen koffeinhaltige Getränke unbekannt waren. Die zunehmenden außereuropäischen Handelsbeziehungen und – später – die imperialistische Expansion in überseeische Gebiete veränderten jedoch die europäischen Ess- und Trinkgewohnten nachgerade revolutionär, wenn auch bei weitem nicht so rasch und grundlegend wie oft angenommen. In den deutschsprachigen Ländern Europas begann man im 17. Jahrhundert, erste Bekanntschaft mit dem Kaffee zu machen.

Der Bedarf, Kaffee zu trinken, stieg dann bis 1750 insbesondere in Städten wie Berlin steil an.[2] Doch Kaffee war ein teures Importgut, so dass zahlreiche deutsche Staaten unter anderem durch hohe Steuern den Kaffeekonsum zu reduzieren versuchten. Preußen ging unter Friedrich dem Großen den Weg von Zuckerbrot und Peitsche, denn man duldete und förderte Ersatzkaffee. Um 1770 erkannte der Braunschweiger Christian Gottlieb Förster das wirtschaftliche Potential einer heimischen, bis 1,25 Meter hoch werdenden, blau blühenden, wild wachsenden Pflanze. Er beantragte und erhielt vom preußischen Staat Friedrichs des Zweiten ein befristetes Privileg zu Anbau, Verarbeitung und Verkauf eines Zichorienkaffees.[3] Allein schon die Verpackung dieses neuen „preußischen" Kaffees – die Wurzeln der Zichorie dienten, geröstet und kleingerieben, als Kaffeeersatz – spricht Bände: Man sieht im Hintergrund eine exotische Palmenlandschaft sowie ein mit Kaffeesäcken beladenes Schiff, während sich im Vordergrund ein preußischer Bauer um seine Zichorienpflanzen kümmert. Mit einer Handbewegung, die an diejenige des Affen auf Rauwolfs Reisebericht erinnert, weist der Bauer das Segelschiff zurück und verweist stattdessen auf das Motto, welches das Warenzeichen umflort: *Ohne Euch gesund und reich!*[4]

Einzug französischer Steuerbeamter in Berlin.
Radierung nach Daniel Chodowiecki, 1771

Die Durchsetzung des Kaffees als Lieblingsgetränk der Deutschen hing nicht unwesentlich mit der schnellen Verbreitung des einheimisch anzubauenden und herzustellenden Ersatzkaffees zusammen.[5] Dieser ließ sich aus den unterschiedlichsten einheimischen Pflanzen herstellen, dementsprechend groß war die Produktvielfalt von Ersatzkaffee und die Konkurrenz unter den Herstellern von Surrogaten und Bohnenkaffee. Daher waren es nicht zuletzt die neuen Kaffee-Markenartikel, die im 19. Jahrhundert mit viel Aufwand über die Verpackung, auf Plakaten, durch Sammelbilder und in Anzeigen den Konsumenten gewinnen wollten. Vor Ausbruch des Ersten Weltkrieges erreichten im Wilhelminischen Deutschland die jährlich gedruckten, nahezu 11 000 illustrierten Tageszeitungen, Unterhaltungswochenzeitungen und Hauszeitschriften mit ihren Werbeanzeigen für Kaffee ein Massenpublikum.[6] Ein Blick in den Einzelhandel vor 100 Jahren lässt eine Welt zum Vorschein treten, die mit der unseren schon einige Ähnlichkeit aufweist: in Läden angeschriebene Festpreise und abgepackte Standardgüter, neue Warenhäuser und Ladenketten mit aufwendiger Innengestaltung und sorgfältiger Warenpräsentation sowie die Bildung von regionalen und später nationalen Großeinkaufsgesellschaften wie Edeka.[7]

Was wir heute als „Werbung" für selbstverständlich halten, erwuchs aus einem Prozess der intensiven Kommunikation zwischen Kaffeeproduzenten und -konsumenten auf der einen und den vielen zwischengeschalteten Instanzen (Exporteure, Importeure, Händler, Spekulanten, Röster) auf der anderen Seite, bei immer länger werdenden Absatzwegen. Einer der Pioniere neuer Werbeformen war Ludwig Roselius. Inspiriert vom Vorbild der amerikanischen Gesundheits- und Reinheitskampagnen von John Harvey Kellogg und C. W. Post machte sich Roselius daran, einen gesunden Kaffeeersatz zu entwickeln. Im Jahr 1906 gründete Roselius in Bremen die Kaffee-Handels-Aktiengesellschaft (HAG) und erlangte mit seiner Erfindung des entkoffeinierten Kaffees eine Art Monopolstellung.

Mit seinen Marken versuchte Roselius durch Werbung allerorten öffentliche Kontroversen über Koffein auszulösen – zuvorderst auch durch das Verpackungsdesign für seine Bohnen. Mit der Gestaltung der Verpackung beauftragte der gelernte Kaufmann Roselius den Archi-

*Werbetafel der Firma Tengelmann mit einer Auflistung
der Berliner Verkaufsläden, 1903*

tekten Eduard Scotland, der ein Markenzeichen auf weißem Grund mit einer vorbildlich klaren Linienführung und unverkennbaren Elementen des Jugendstils schuf. Künstlerische Ästhetik war also, wenigstens teilweise, der Schlüssel, um der neuen Verpackung – und dem Produkt! – ein unverkennbares Aussehen zu verleihen. Mit weißem Grund und rotem Rettungsring sollte die Verpackung vor allem medizinische Assoziationen erzeugen.

Wie viele andere Unternehmer seiner Zeit unterstrich Roselius die Vertrauenswürdigkeit seines Produkts durch ständig wiederholte Schriftzüge und Warenzeichen. In Zeitschriften- und Zeitungsannoncen erscheinen immer größer und aufwendiger gestaltete Inserate mit dem Motto: *Kaffee Hag schont Ihr Herz.* Angesichts der neuen Anonymität des Kaufakts sollten prominent platzierte Mitteilungen wie *Gesetzlich geschützt, Garantiert coffeinfrei* oder *Echter Bohnen Kaffee* das Kundenvertrauen festigen. Das *pièce de résistance* der Kaffee-Hag-Verpackung war ein Symbol, das Kaffeegenus und die verbreiteten gesundheitlichen Ängste davor harmonisierte: das Herz. Mit dem kleinen roten Herzen schuf der Erfinder und Kaufmann Roselius sich einen, wie er es nannte, *Kristallisationspunkt* für seinen Gedanken, sorgenfreien Kaffeegenuss zu ermöglichen – ein Vorgehen, das in der Folgezeit als Markenidee Schule machen sollte.[8]

Mit nur geringfügigen Änderungen überdauerte die Verpackung fünf besonders turbulente Jahrzehnte deutscher Geschichte. Die Werbung für Kaffee Hag nahm vieles an übertriebenen Gesundheitsansprüchen, Snobismus, aufgeblasenem pseudowissenschaftlichem Jargon und immer wiederkehrenden Motiven vorweg, die wir heute mit „moderner" Werbung assoziieren – nicht zuletzt auch jene durch die Werbung geschürten Ängste vor einem Herzversagen.

Neben der Werbung mit Personentypen, die dem Betrachter vertraut und bekannt vorkommen sollte, wie zum Beispiel der sympathische Großvater mit der Botschaft *Immer mit der Ruhe und Kaffee Hag* war auch das Gegenteil, nämlich Andersartigkeit lange Zeit ein wichtiger Aspekt der Werbestrategien für Kaffee. Dies wurde bereits von den Vorläufern der modernen Kaffeewerbung stark hervorgehoben, wie wir beim Raufwolf'schen Reisebericht und dem Förster'schen Warenzeichen gesehen haben.

Wie wenig jedoch die Exotik der Produktbezeichnungen um die Wende zum 20. Jahrhundert mit ihrer realen Herkunft zu tun hatte, zeigt die Liste der ersten eingetragenen Namen für Markenkaffee. Von 1894 bis 1902 wurden 285 Bezeichnungen registriert (Ersatzkaffeemarken nicht gezählt!), die die Welt Afrikas (Pyramiden-Kaffee), Indiens (Rajah) oder auch der klassischen Antike evozierten (Saturn-Kaffee). Demgegenüber finden sich nicht mehr als zwei Marken, die auf Lateinamerika Bezug nahmen (Motta's Brazilian und Kondor), obwohl das Deutsche Reich zu dieser Zeit 80 bis 90 Prozent seines Bedarfs von dort bezog (vor allem aus Brasilien und Guatemala).[9] Tatsächlich jedoch gelangte der plantagenmäßig betriebene Kaffeeanbau nicht vor den 1930er Jahren nach Ostafrika, wobei üble Klischees seine Ankunft dort begleiteten. Eine 1937 in der amerikanischen Fachzeitschrift *Tea & Coffee Journal* erschienene Anzeige stellte zwei Gruppen kostümierter afrikanischer Männer mit folgender Bildlegende gegenüber: *Native Warriors Wild – Kenya Coffee Mild*. De facto waren aber die meisten Kenianischen Kaffeeanbauer zu der Zeit weiße Europäer![10]

Werbeanzeige für Kaffee Hag, 1911

„Kaffee HAG" ist echter Bohnenkaffee.

„Kaffee HAG" ist befreit vom giftigen Coffein, deshalb vollkommen unschädlich.

„Kaffee HAG" besitzt vollen Kaffeegeschmack und volles Aroma.

„Kaffee HAG" enthält unter Garantie keine fremden Bestandteile.

„Kaffee HAG" ist das Getränk der Gesunden und Kranken.

„Kaffee HAG" wird von den Ärzten besonders Herzleidenden, Nervösen, Gichtkranken, Korpulenten, Magenleidenden, Darmkranken, Nierenleidenden, Frauen und Kindern verordnet.

„Kaffee HAG" Kaffee-Handels-Aktien-Gesellschaft, Bremen.

COFFEÏN FREIER KAFFEE

KAFFEE HAG

KAFFEE:HANDELS: AKT.GES.BREMEN

Die wirtschaftliche Prosperität nach dem Zweiten Weltkrieg erlaubte es den Deutschen beider Staaten (wie auch anderen Westeuropäern, Nordamerikanern oder Japanern), exotische Genussmittel in hoher Qualität und größeren Mengen zu konsumieren. Im Hamburg gründeten 1949 die Kaufleute Max Herz und Carl Tchilling-Hirrian die Tchibo-Gesellschaft, deren Gold-Mocca-Röstkaffee per Post vertrieben wurde; sechs Jahre später entstanden die ersten Tchibo-Filialen mit Kaffeebohnen und Probetassen des Kaffees im Angebot. Über Werbekampagnen mit dem Tchibo-Kaffee-Experten bereitete das Unternehmen maßgeblich die neue Ära des massenhaften Marketings vor.

In einer 1964 in der Frauenzeitschrift *Constanze* erschienenen Anzeige erscheint der onkelhafte Tchibo-Kaffee-Experte als eine Art Kenner, der sich die Früchte der tropischen Breiten zum eigenen Nutzen aneignen konnte.

Auf dem Bild, das die oberen drei Viertel der Anzeige einnimmt, sind zwei gleich große Männer mit verschränkten Armen abgebildet. Ein jeder ist in seine traditionelle Stammeskleidung gehüllt und mit den Machtsymbolen seiner jeweiligen Kultur versehen. Die Begegnung ist auf dem heimischen Boden des *Massai*-Mannes angesiedelt, mitten in einem exotischen Dschungelambiente. Die Bildlegende fragt: *Wer ist der Dicke neben dem Massai?* Hiermit wird in diesem Fall – woraus sich auch der Witz der Anzeige speist – der Afrikaner zugunsten des weißen Europäers aufgewertet. Tatsächlich stellt die Anzeige einen Bruch mit der Werbetradition dar, wurden doch von den 1880er bis zu den 1950er Jahren Schwarze relativ durchgehend als Unterworfene, Unterwürfige oder den Europäern heillos Unterlegene dargestellt.[11] Die Bildlegende spielt ironisch mit unserer Neugier auf den *Massai*, indem sie uns zwingt, uns auf den ungleich bekannteren Typus „Galionsfigur der neuen Marktwirtschaft" zu konzentrieren. *Wer ist der Dicke neben dem Massai?* Das ist einfach *Sein Freund. Der Tchibo-Experte.*[12] Der Fließtext betont die wertvolle Hilfe, die der Experte von den *guten Freunden in neuen großen Kaffee-Erzeugerländern* dabei erhalten hat, für die *Millionen Freunde* von Tchibo-Produkten den besten Kaffee auszuwählen. Selbstredend spielt sich die gesamte Geschäftsbeziehung, wie die Anzeige schließt, u*nter Freunden* ab. Es bleibt letztlich Spekulation, ob sich die Konsumenten, die Tchibo zum meistgetrunkenen Kaffee Westdeutschlands machten, in dieses „Freundschaftsspiel" zwischen dem *Dicken* und dem *Massai* einfügten oder lediglich das visuelle Spektakel goutierten, das aus der Konfrontation des „Vertrauten" mit dem „Fremden" erwächst.[13]

Wer ist der Dicke neben dem Massai?

Sein Freund. Der Tchibo-Kaffee-Experte. In Kenia nennt man ihn Bwana Tchibo Er hat viele Freunde hier. Weil man in Kenia Männer schätzt, die was vom Kaffee verstehen. Nicht nur in Kenia. Überall dort, wo man guten Kaffee anbaut, freut man sich auf den Besuch des Tchibo-Kaffee Experten. In Afrika. In Mittelamerika. In Südamerika. Gute Freunde in neun großen Kaffee-

Erzeugerländern helfen unserem Experten, besten Kaffee zu bekommen. Für die Millionen Freunde von Tchibo »Gold-Mocca« und Tchibo »mild«. Tchibo ist der meistgetrunkene Kaffee in Deutschland. Ein halbes Kilo kostet DM 7,90. Unter Freunden.

Direkt durch die Post und in eigenen Filialen. *Tchibo*

kräftig und würzig

weich im Geschmack und mildgeröstet

Tchibo-Werbeanzeige, 1964

Nach wie vor beruht die Beliebtheit des Kaffees in erheblichem Maße auf seiner „Fähigkeit", verschiedene, auch widerstreitende menschliche Impulse zu absorbieren. Das Gespinst aus Bedeutungen, das Konsumenten und Produzenten rund um den Kaffee gewoben haben, besteht aus individuellen Wünschen, kollektiv geteilten Werten und erfundenen Traditionen. Während der letzten etwa 300 Jahre, in denen sich Deutschland zu einer Nation von Konsumenten wie auch Produzenten entwickelt hat, versuchte die Kaffeewerbung stets, sich dieses Bedeutungsgespinsts zu bedienen. Die Welt- und Selbstdeutungen, die dabei entstanden und entstehen, sind bis heute ebenso mächtig wie unvollständig.

1   L. Rauwolfs, Aigentliche beschreibung der Raiß …, Theil II, Frankfurt am Main 1582.
2   Vgl. den Beitrag von S. Keunecke in diesem Band.
3   Vgl. den Beitrag von J. Mähnert in diesem Band.
4   P. Albrecht, Kaffee, Zur Sozialgeschichte eines Getränks, Braunschweig 1980, S. 54.
5   Vgl. den Beitrag von J. Mähnert in diesem Band.
6   Im Gegensatz dazu fällt für die heutige Zeit auf, dass Kaffee in Printmedien nicht mehr beworben wird.
7   Zur Warenkultur und Warenpräsentation in Deutschland siehe insbesondere Chr. Lamberty, Reklame in Deutschland 1890–1914, Wahrnehmung, Professionalisierung und Kritik der Wirtschaftswerbung, Berlin 2000.
8   W. Bongard, Fetische des Konsums, Portraits klassischer Markenartikel, Hamburg 1964, S. 43.
9   V. Wünderlich in: Jahrbuch für Wirtschaftsgeschichte 1994 1, S. 37–60, hier S. 52. Mit Beginn des Kaffeeanbaus in Zentral- und Südamerika verschwand dessen Assoziation zum Ursprungsland Äthiopien. Gleiches gilt für Kaffee und Tee. Hierzu R. W. Jamieson in: Journal of Social History 35 2 (2001), S. 269–295.
10 M. Pendergrast, Uncommon Grounds, The History of Coffee and How It Transformed our World, New York 1999, S. 204.
11 Hierzu P. Martin, Schwarze Teufel, edle Mohren. Afrikaner in Bewusstsein und Geschichte der Deutschen, Hamburg 1993.
12 Wiederabgedruckt in M. Kriegeskorte, Werbung in Deutschland 1945–1965, Köln 1993, S. 132 f.
13 Die Firma Jacobs besetzte über Jahrzehnte mit Frau Sommer ausschließlich die Rolle der vertrauten Person.

Entdecktes Geheimniß

von

siebzehn inländischen

Kaffee-Surrogaten,

wodurch

der ausländische Kaffee entbehrlich gemacht

und aus

Deutschland ganz verbannt werden

kann.

Nebst Anweisung

fünferley Schokolaten

zu verfertigen.

Von

einem deutschen Patrioten.

Leipzig, 1806.

joachim mähnert

kaffee und doch keiner

vom ersatzkaffee der alten preußen zum modernen öko-getreidekaffee

Wer würde bezweifeln, dass der Geschichte des Kaffees eine leidenschaftliche Liebesbeziehung zugrunde liegt? Heutzutage trinken die Deutschen nichts lieber als ihren Kaffee! Leidenschaft duldet keine Buhlschaft, aber dem Kaffee sind bekanntlich drei Laster eigen: *die Mesalliance mit dem Zucker, die seinen Geschmack verdirbt, die morganatische Ehe mit der Milch, die Geruch, Geschmack und Farbe zugleich vernichtet, und das leidige Concubinat mit der Cichorie, das ihn vollständig auf den Hund bringt.*[1]
Keine Frage, der „Konkubine" Ersatzkaffee können echte Genießer nur mit heftigster Ablehnung begegnen. Immerhin bestand lange Zeit die Gefahr, unfreiwillig an Ersatzkaffee zu geraten, wurde doch so manches Surrogat unverfroren als Feinster Mocca-Kaffee oder Indischer Sibonny angeboten. Natürlich gab es auch sachliche Benennungen und Firmennamen wie Brandt- oder Franckkaffee, aber Produktbezeichnungen wie Germania-, Imperial, Sultans-, oder Aladinkaffee waren einfach werbeträchtiger, auch wenn dabei offen blieb, was man da schlussendlich in der Tasse haben würde. Als billiger Ersatz verachtet und unter dem dräuenden Verdacht unlauterer Beimengungen kamen zudem schnell wenig freundliche Spitznamen auf: Kaffeepansch, Plämpel, Hutzelwasser oder gerade auch in Berlin: Muckefuck.

Entdecktes Geheimnis von siebzehn inländischen Kaffeesurrogaten
...von einem deutschen Patrioten, Titelblatt, 1806

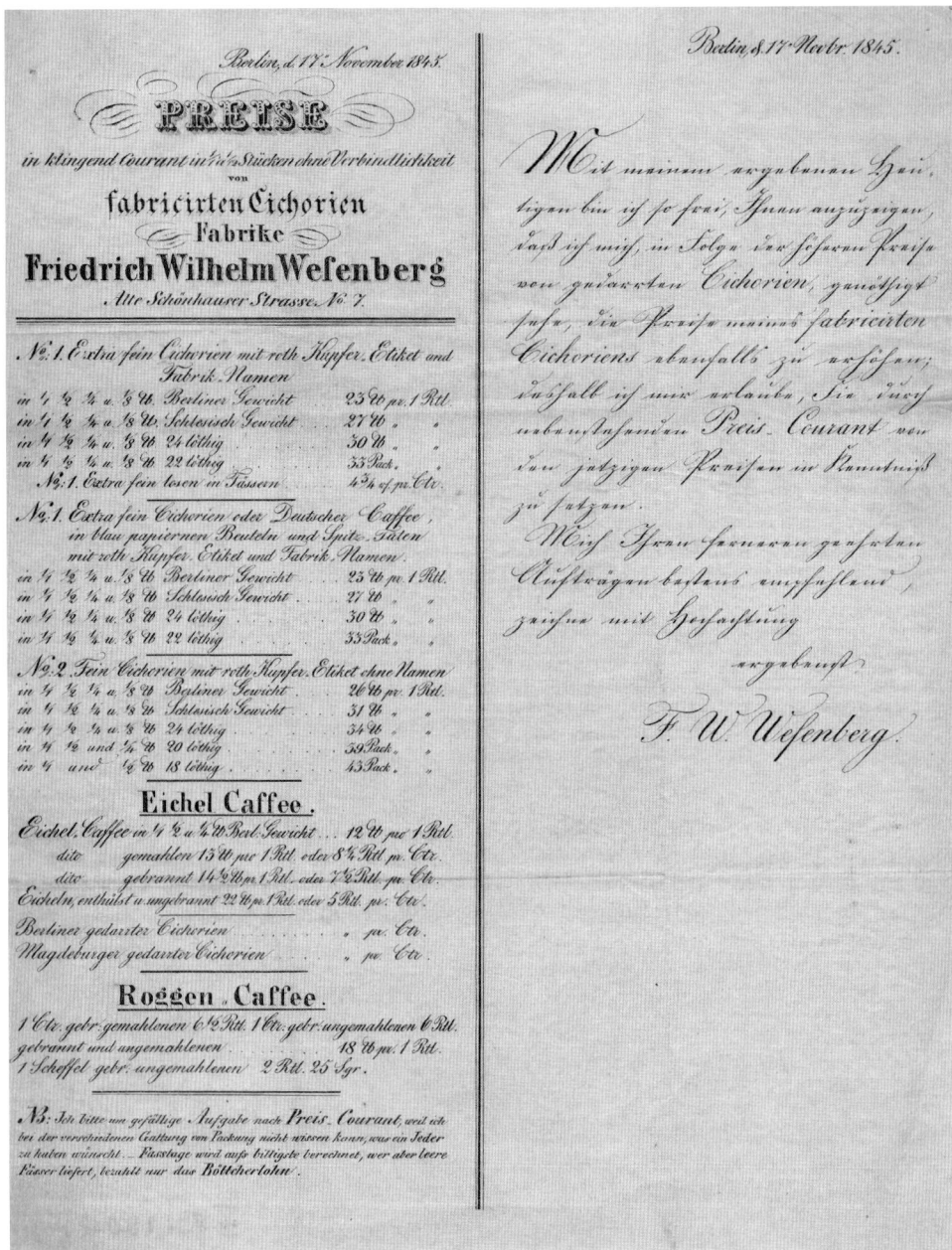

Preisliste aus der Berliner
Zichorienfabrik Wesenberg, 1845

Nach ihrer überraschenden Karriere als Rohstoff für „preußischen Kaffee" findet man die genügsame und robuste Zichorie heute fast nur noch an Wegrändern

Muckefuck leitet sich übrigens wohl nicht von *mocca faux* (falscher Mokka), sondern aus dem rheinischem Mucken (braune Stauberde, verwestes Holz) und *fuck* (faul) ab.[2] Doch trotz solch undankbarer Bezeichnungen gebührt dem Muckefuck eine Sonderstellung unter den Surrogaten: Anders als etwa die Margarine hat hier der ungeliebte Ersatz den Erfolg des Originals erst weitgehend möglich gemacht.[3]

Die Berliner Geschichte des Ersatzkaffees beginnt nahezu zeitgleich mit der seines Originals, denn schon 1685 empfahl der Leibarzt des Kurfürsten Friedrich-Wilhelm Kastanien und Getreide als Kaffeeersatz.[4] Aber erst ab der Mitte des 18. Jahrhunderts konnten sich die Surrogate durchsetzen: Schon in den Jahrzehnten zuvor hatte sich in Berlin „echter" Kaffee als Luxusgetränk und wichtiges Statussymbol durchgesetzt, von den einfachen Leute zwar begehrt, aber kaum bezahlbar.

Im Laufe der Zeit suchte und fand man billigere Varianten, und die Vielfalt der Ersatzstoffe erstaunt: nahezu sämtliches Getreide, besonders Roggen und Gerste; verschiedene Wurzel- und Knollengewächse, vor allem Zichorie, aber auch Mohrrüben, Kartoffeln, Rote Beete und Löwenzahnwurzeln; an Kernen und Samen z. B. Pfirsich, Kirsche, Datteln und Erbsen, Eicheln und Kastanien; in gedörrter Form Feigen, Hagebutten, Birnen und Äpfel; nicht zuletzt: trockenes Brot.[5] Gemischt mit etwas Bohnenkaffee sah das mit etwas gutem Willen nicht nur ähnlich aus und schmeckte (fast) auch so, ja, man konnte sich sogar eine ähnliche Wirkung einreden.

Nicht zuletzt war auch Ersatzkaffee heiß, bitter-würzig und verdauungsfördernd, wichtige Eigenschaften eines Getränks angesichts der eintönigen und oft schweren Kost des kleinen Mannes. Und: Er wurde staatlicherseits kräftig gefördert!

*Unentgeltliche Verabreichung von Malzkaffee
bei der Firma Kathreiner, um 1900*

Der Kaffeegenuss seiner bürgerlichen Untertanen stieß beim Preußenkönig Friedrich dem Großen auf wenig Gegenliebe. Selbst dem Kaffee durchaus zugetan, empfahl er die traditionelle Biersuppe seiner eigenen Kinderstube. Seine Beweggründe waren dabei vorrangig wirtschaftlicher Natur. Nicht nur klagte das heimische Brauwesen über die neue Kaffeemode; gemäß des zeitgenössischen merkantilistischen Wirtschaftsverständnisses sollte insbesondere der durch die Kaffeimporte bedingte Abfluss preußischen Geldes in die Kolonialländer England und Frankreich verhindert werden, was schwerer wog als die Einnahmen durch das königliche Monopol am Rohkaffeehandel seit 1766. Doch die Soldaten des preußischen Königs hatten bei ihren langen Kriegszügen das Kaffeetrinken schätzen gelernt und verbreiteten diese Neuheit rasch auch auf dem Lande: Ganz Preußen verlangte nach Kaffee! Einheimische Alternativen mussten also gefunden und die Bevölkerung vom Importkaffee abgebracht werden.

Anders als etwa in Schweden und anderen deutschen Ländern wurde in Preußen mit einem ersten Erlass von 1778 das Kaffeetrinken nicht in Gänze verboten, jedenfalls nicht in Städten wie Berlin.[6] Drei Jahre später wurde allerdings das Kaffeerösten staatliches Monopol und damit einhergehend der Bohnenkaffee sehr teuer. Friedrichs gegen das illegale Rösten eingesetzte Kaffeeriecher sind längst legendär, ebenso wie das rasch aufkeimende Schmuggelwesen.[7] Vor allem begann man parallel zu diesen Reglements mit der Produktion von einheimischem, „preußischen" Kaffee: Die große Stunde der bis dato kaum beachteten Zichorie war gekommen!

Bedenkt man all die Legenden von Hirten und Mönchen, welche die Wunder des Kaffees der Menschheit offenbart haben sollen,[8] so wundert es nicht, dass auch die Frühgeschichte des wohl wichtigsten Ersatzkaffees anekdotenhaft erzählt wird. Für Deutschland soll ihn wohl der *Hochfürstliche Hofgärtner* Johann Timme entdeckt und 1756 erstmals beschrieben haben in seiner *Nachricht von der Cichorienwurzel oder Hindläuffte, item Wegwart, zum Coffee zu gebrauchen, dass er eben so wohl schmeckend als der ordentliche ist, so aussiehet und riechet, dabey aber weyt gesünder ist.*[9]

Seinen eigentlichen Durchbruch aber verdankt der preußische Kaffee dem großen Preußenkönig – und dem feinen Geschmack einer Frau. Denn ohne Friedrichs Siebenjährigen Krieg wäre Frau Major von Heine nicht von französischen Soldaten ausgeplündert worden und hätte nicht einer medizinischen Behandlung ob ihrer schwachen Nerven bedurft. Man verschrieb ihr die bereits in Antike und Mittelalter als Heilpflanze geschätzte Zichorie, welche indes zunächst der kränkelnden Dame nicht mundete; doch dann ließ sie die Pflanze rösten und genas. Daraufhin gründete ihr Mann gemeinsam mit dem Hotelier Christian Gottlieb Förster in Braunschweig eine Fabrik zur Herstellung von Zichorienkaffee, denn selbst der örtliche Kaffeehausbetreiber konnte den Kaffeeersatz nicht von echtem Kaffee unterscheiden. Sogleich bemühte man sich auch für Preußen um ein Monopol für die Kaffeeherstellung aus Zichorien. 1770 wurde ein entsprechendes *Privilegium* in Berlin ausgefertigt und eine *Königl. Preuß. Caffé-Fabrique* in der Spandauer Straße in Berlin eingerichtet.

Dem Unternehmen war zwar kein Glück beschert, durch eine Verwechslung von Zichorien- mit Endiviensamen musste es schon 1772 aufgegeben werden, aber ein Anfang war gemacht. Für Berlin ist 1792 die Firma Heil & Morino belegt, 1798 produzierte eine Witwe Gral in der Hospitalstraße immerhin 100 Zentner pro Jahr; besondere Bedeutung hatte jedoch der Berliner Unternehmer Friedrich Wilhelm Wesenberg, der bereits seit 1784 mit Zichorienkaffee handelte und ab 1796 eine eigene, sehr erfolgreiche Fabrikation begann.[10]

Dem König bot Zichorienkaffee nur Vorteile: Anbau, Verarbeitung, Handel und Konsum: alles preußisch! Auch war man der Sorge entledigt, die unbedarften Landeskinder könnten ihr geringes Salär mit unnützem Luxus vertun. Es galt also, seinen Untertanen, natürlich auch den Berlinern, den preußischen Kaffee schmackhaft zu machen. Schon 1768 las man daher in den *Berlinischen Nachrichten von Staats- und Gelehrtensachen,* dass gerade auch „angesehene Leute" inländischen Kaffee tränken und nun auch die einfachen Leute dafür gewonnen werden müssten. 1771 erfuhren die Berliner, dass ihr König den Preußischen Kaffee nicht nur für *vorzüglich* befunden habe, sondern dass *ein Pfund gemahlner preußischer Caffé ... von Güte und Kraft, als 3 Pfund gemahlner ausländischer Caffé ist.* Auch habe „gründliche Untersuchung" bewiesen, ... *dass der Gebrauch dieses preußischen Caffé der menschlichen Gesundheit höchst zuträglich, und daher dem fremden Caffé sehr vorzuziehen sey.*[11] Welcher Berliner sollte da noch widerstehen?

Das 19. Jahrhundert brachte den Preußen zunächst die Niederlage gegen Napoleon und damit verbunden 1806 den Beginn der sogenannten Kontinentalsperre: Englische Waren sollten nicht mehr auf das europäische Festland gelangen. Kaffeebohnen wurden rar – glücklicherweise war in Berlin preußischer Kaffee in Mode gekommen! Die langsame Herausbildung eines deutschen Nationalgefühls förderte zudem das Bewusstsein für landeseigene Produkte. 1806 etwa schrieb ein *deutscher Patriot* über die *inländischen Kaffee-Surrogaten, wodurch der ausländische Kaffee entbehrlich gemacht und aus Deutschland ganz verbannt werden kann.* Vorbildlich seien die Berliner, denn bereits 1799 habe sich ein große Anzahl derselben, *fast alle Gebildete und die Wohlhabendsten ... aus edlem Eifer verbunden, keinen Kaffee und Zucker zu genießen ...,* ein Ansatz, von dem sich der Autor triumphalen Erfolg verheißt:

Dann, England, spare deinen Gift, / Der nur (die Leckerverwöhnte) Mäuler trifft, / Mich sollen nur die Früchte laben, / Die wir in Deutschlands Grenzen haben. / Drum, lach ich (Britte, Neger), deiner List, / Weil sie mir nicht gefährlich ist.[12]

Nun waren die Kaffeesurrogate nicht mehr aufzuhalten. Innerhalb kürzester Zeit mutierte die Zichorie zu einer bedeutenden und quer durch Europa gehandelten Kulturpflanze. Ersatzkaffee, keineswegs nur aus gerösteter Zichorie, wurde das wichtigste nichtalkoholische Getränk der Deutschen und blieb es bis in die 1950er Jahre; sein Verbrauch, allerdings oft verfeinert durch Zusätze von Bohnenkaffee, lag um ein Vielfaches über dem des „echten". Gemeinsam mit vor allem Brot und Kartoffeln bildete Ersatzkaffee die Ernährungsgrundlage des Arbeiters.[13]

Im Gegensatz zum Bohnenkaffee wurden der preußische Kaffee und seine Nachfolger von Anfang an als werbewirksame Markenprodukte verkauft.[14] Zusätzlich brachte man Geschmacksargumente ins Spiel. Einerseits war mit dem gebrauchsfertigen Pulver bei der Zubereitung selbst für den Untalentiertesten nicht viel falsch zu machen, kein geringer Vorteil, denn so manches positive Urteil über Ersatzkaffee dürfte im Vergleich mit falsch gerösteten Bohnenkaffee begründet liegen. Zum anderen aber war Letzterer teuer und wurde daher oft „schlapp", d.h. zu dünn zubereitet; der günstige Preußenkaffee konnte dagegen

Emailleschild von Doos & Hahn, 1920er Jahre

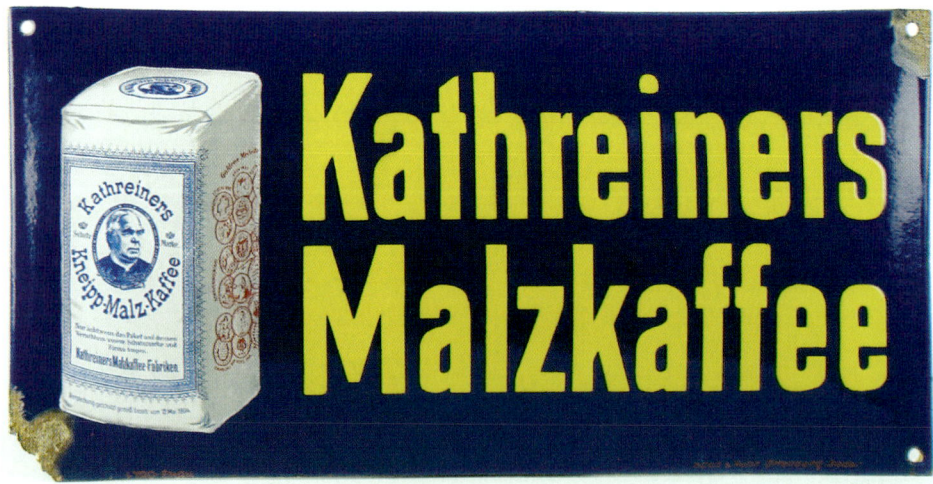

*Eine Vielfalt an Getreidekaffees findet sich in Reformhäusern
und modernen Bio-Supermärkten. Foto von Bettina Keller, 2002*

kräftig getrunken werden. Denn natürlich war die zentrale Voraussetzung für den Siegeszug des Ersatzkaffees sein geringer Preis, der auch den ärmsten Berlinern den Kaffeekonsum in großen Mengen ermöglichte.

Allein, ein weiterer Umstand war und ist den Kaffeesurrogaten förderlich: die Angst des Menschen vor Krankheit und falscher Ernährung! Bereits in seinen Anfängen waren ja die Wirkungen des Kaffees umstritten.[15] Große Gesundheitspäpste wie Sebastian Kneipp (1821– 1879) empfahlen hingegen Getreidemalzkaffee. Weniger bitter schmeckend als Zichorienkaffee war dieser rasch erfolgreich, als mit dem Ende der großen Hungersnöte es nicht mehr verwerflich erschien, aus dem ehedem so wertvollen Korn ein letztlich nährwertarmes Getränk zu gewinnen.[16] Besondere Bedeutung in seiner Eigenschaft als Gesundheitskaffee errang der Kathreiner Malzkaffee als der berühmte Kneippkaffee, um dessen Namensrecht zahlreiche Prozesse geführt wurden,[17] sowie der Kornfranck der Firma Franck. Beide Firmen hatten Standorte in Berlin; ja, nach deren Fusion zur Franck & Kathreiner GmbH 1938 war Berlin sogar Firmenhauptsitz.

Berlin blieb seinem preußischen Kaffee lange treu. 1846 gab es immerhin sechs Berliner Zichorienfabriken,[18] 1875 dann sogar elf. Mit 23 Surrogatfabriken wurde die Höchstzahl in Berlin erst im Jahre 1918 erreicht – da hatte sich in Gesamtdeutschland längst das Blatt gewendet. Der Bohnenkaffee hatte mächtig aufgeholt.[19] Der jährliche Pro-Kopf-Verbrauch an Röstkaffee war von knapp 0,7 Kilogramm im Jahre 1850 bis 1907 auf über 2,0 Kilogramm angestiegen! Erst mit der Notzeit des Ersten Weltkriegs brach der Konsum wieder auf Werte um ein Kilogramm zusammen (1920). Ersatzkaffee war wieder nachgefragt und blieb es überraschend lange, denn noch 1938, als die schweren Weimarer Wirtschaftskrisen bereits einige Zeit zurücklagen und jährlich wieder zwei Kilo Röstkaffee pro Kopf verbraucht wurden, trank man immer noch etwa 15 Prozent mehr Surrogat- als echten Kaffee.[20]

Die Not während des Zweiten Weltkrieges und danach bedingte die letzte große Zeit des Ersatzkaffees. Echter Bohnenkaffee war eine Rarität, und so wundert es nicht, dass noch 1950 4,5 mal mehr Surrogate als Bohnenkaffee getrunken wurden. Fünf Jahre später sollten sich die Werte erstmals angleichen.[21] Heute stellt Ersatzkaffee gerade ein Prozent des deutschen Getränkeverbrauchs dar.[22]

Ist damit die Geschichte des Ersatzkaffees am Ende? Ist er heute nur ein gewöhnliches, nichtalkoholisches Getränk, das mit Limonaden, Tafelwässern und Milch konkurrieren muss? Kann er das?

In den 1970er Jahren entstanden mit dem Aufkommen der ökologischen Landwirtschaft zahlreiche Naturkostläden in Deutschland und besonders in Berlin. In der einzigartigen Atmosphäre der Mauerstadt, als Refugium der Wehrdienstverweigerer und als Metropole der Alternativszene, konnte die neue Bewegung hier rasch Fuß fassen. Neben echtem „Bio-Kaffee", bei dem die Bohne umweltschonend angebaut und verarbeitet wird, neben der Vielzahl an „Fair Trade-Kaffees", bei denen eine höhere Gewinnbeteiligung der kleinbäuerlichen Kaffeeproduzenten gewährleistet wird, spielt auch der Getreidekaffee aktuell eine wichtige Rolle in der Vollwerternährung. Als einheimisches, regionales Produkt sammelt Getreidekaffee zudem Punkte als besonders ökologisches Getränk. Neben dem als Kinder- und Landkaffee auftretenden Caro-Kaffee und den alten Traditionsmarken Kathreiner, Franck und Linde sind über die Bio-Bewegung zahlreiche neue Surrogate aufgekommen, die an die breite Vielfalt des 19. Jahrhunderts erinnern: Reine Malzkaffees natürlich, aber auch Mischungen aus Getreide, Zichorie, Eichel und Feige, ja neuerdings werden sogar Soja und Lupinen eingesetzt. Dem Zeitgeist folgend ist auch Cappuccino-Getreidekaffee erhältlich.

Verlieren die Getreidekaffees erst ihren Ruf als erzwungene Schmalhans-Varianten, mögen sie sich, nicht nur bei Kindern, schwangeren und stillenden Frauen sowie deren solidarischen Lebensgefährten, als kostengünstiges und bekömmliches Warmgetränk dauerhaft etablieren. Denn der unbeliebte Getreidekaffee ist auch: … *der korngesunde Landkaffee, der nur wertvolle, rein pflanzliche Zutaten wie Gerste, Malz, Zichorie und Roggen enthält … jederzeit ideal für Kinder und Erwachsene.*[23]

1   R. Habs / L. Rosner (Hg.) Appetit-Lexikon, Ein alphabetisches Hand- und Nachschlagebuch über alle Speisen und Getränke,
    Wien 1894, S. 253.
2   Vgl. Habs, Appetitlexikon … (wie Anm. 1), S. 255 ff.; U. Heise: Kaffe und Kaffeehaus, Eine Kulturgeschichte, Hildesheim u. a. 1987,
    S. 44 ff.; H.-J. Teuteberg in: Daniela Ball (Hg.), Kaffee im Spiegel europäischer Trinksitten, Zürich 1991, S. 169 ff.
3   So etwa G. Wiegelmann: Alltags- und Festspeisen, Wandel und gegenwärtige Stellung, Marburg 1967, S. 169.
4   Heise, Kaffee … (wie Anm. 2), S. 44 ff., zu den Anfängen des Kaffees in Berlin vgl. den Beitrag von S. Keunecke in diesem Band.
5   Vgl. Teuteberg, Kaffee … (wie Anm. 2), S. 175 und H. E. Jacob: Sage und Siegeszug des Kaffees, Die Biographie eines weltwirt-
    schaftlichen Stoffes, Berlin 1934.
6   Vgl. zuletzt P. Albrecht in: E. Dietrich, R. Rossfeld (Hg.), Am Limit; Kaffeegenuss als Grenzerfahrung, Zürich 2001, S. 22–35 sowie
    H.-J. Teuteberg, in: Th. Heugartner, Ch. Merki (Hg.), Genussmittel. Eine Kulturgeschichte, Frankfurt a.M./Leipzig 2001, S. 118 ff.
7   Zuletzt J. Smotlacha in: Dietrich, Limit … (wie Anm. 6), S. 36–51 sowie den Beitrag von S. Keunecke in diesem Band.
8   Vgl. etwa Jacob, Sage … (wie Anm. 5)
9   W. Springer: Die blaue Blume; Von der Schwester des Kaffees, der Zichorie und ihrer Industrie, Berlin 1940, S. 26.
10 Springer, Blume … (wie Anm. 9), S. 41ff. und S. 55 ff.
11 Springer, Blume … (wie Anm. 9), S. 34 ff.
12 Entdecktes Geheimniß von siebzehn inländischen Kaffee-Surrogaten, wodurch der ausländische Kaffee entbehrlich gemacht und
    aus Deutschland ganz verbannt werden kann … Von einem deutschen Patrioten, Leipzig 1806, S. 3 ff.
13 H.-J. Teuteberg in E. Heischkel-Artelt (Hg.): Ernährung und Ernährungslehre im 19. Jahrhundert, Göttingen 1976, S. 230.
14 Vgl. hier den Beitrag von Allen in diesem Band.
15 Überblickartig medizinische Theorien gerade der Frühen Neuzeit zusammenfassend: A. Steinbrecher in: Dietrich, Limit …
    (wie Anm. 6), S. 8–21 und U. Thoms in: G. Neumann, A. Wierlacher, R. Wild (Hg.), Essen und Lebensqualität. Natur- und kultur-
    wissenschaftliche Perspektiven, Frankfurt / New York 2001, S. 87ff. Vgl. auch den Beitrag von Thoms in diesem Band.
16 Immer wieder wurde von Zeitgenossen kritisiert, dass die Arbeiter ihren Kaffee bevorzugt schwarz trinken würden ohne nährende
    Zusätze wie Milch oder Zucker.
17 Vgl. Kaiserliches Gesundheitsamt (Hg.), Der Kaffee, Gemeinfaßliche Darstellung der Gewinnung, Verwertung und Beurteilung des
    Kaffees und seiner Ersatzstoffe, Berlin 1903 und A. Hasterlik: Kaffee und Kaffee-Ersatzstoffe in Wirtschaft und Wissenschaft,
    Leipzig 1919, S. 153 ff. Typisch folgendes Spottgedicht: „Der Kaffeebohnen brauner Saft / Schafft Lebensluft, gibt Arbeitskraft /
    Du täuschest, Menschenfreund Kathreiner / Mit Malz ersetzt den Kaffee keiner."
18 Springer, Blume … (wie Anm. 9), S. 59.
19 Innerhalb von 25 Jahren sank die Zahl deutscher Kaffeesurrogat-Fabriken nach 1882 von 294 auf 214, während sich die Kaffee-
    Röstereien im gleichen Zeitraum von 114 auf 687 vermehrten, vgl. K.-P. Ellerbrock in: H.-J. Teuteberg (Hg.), Durchbruch zum
    modernen Massenkonsum; Lebensmittelmärkte und Lebensmittelqualität im Städtewachstum des Industriezeitalters, Münster
    1987, S. 128. Aber noch um 1900 wurden im Deutschen Reich 50 000 Tonnen Zichorien geerntet, weitere 28 000 Tonnen mußten
    importiert werden, vgl. Teuteberg, Kaffee … (wie Anm. 2), S. 187.
20 Werte aus: H.-J. Teuteberg, G. Wiegelmann, Unsere tägliche Kost, Geschichte und regionale Prägung, Münster 1986 2, S. 198;
    Teuteberg, Kaffee … (wie Anm. 2), S. 189.
21 Werte aus: Statistisches Bundesamt (Hg.), Statistisches Jahrbuch für die Bundesrepublik Deutschland, Wiesbaden 1965.
    Vgl. auch den Beitrag von Schmidt in diesem Band.
22 Peter Hadwiger, Jochen Hippler, Helmut Lotz: Kaffee, Gewohnheit und Konsequenz, St. Gallen u. a. 1989 3, S. 13.
23 Werbung für Caro-Landkaffee unter www.nestle.de.

Viele Kaffeepäckchen kamen über den Genex-Geschenkdienst vom Westen in die DDR, wobei First Class ein DDR-Erzeugnis war, das, wie die West-Kaffees, für harte D-Mark verkauft wurde. Aus dem Genex-Katalog, 1988

jürgen schmidt

goldmokka
und kaffeemix

kaffee im geteilten deutschland

Am Anfang der dramatischen Beziehung zwischen Christine und Leonard Vole – dargestellt von Marlene Dietrich und Tyrone Power – stand eine Dose Kaffee. Nicht irgend ein Kaffee, sondern die Sorte, die Feldmarschall Montgomery bevorzugt getrunken hatte. In Billy Wilders „Zeugin der Anklage" ist es dieses Geschenk des britischen Besatzungssoldaten Leonard Vole im zerbombten Hamburg an die angeblich verwitwete Christine Helm, das den Besatzer und die Deutsche einander näher bringt.

Nicht nur die Herzen der Frauen ließen sich mit Kaffee brechen, sondern auch die Gesetze. Im Frühjahr 1946 flog ein riesiges Schmuggelgeschäft auf, an dem hauptsächlich Piloten der Royal Air Force beteiligt waren. Von der Polizei konnten 350 000 Pfund Kaffee beschlagnahmt werden, die für tausend Mark pro Pfund in Deutschland verkauft werden sollten.[1] Kaffee, wohlgemerkt Bohnenkaffee, war im Nachkriegsdeutschland ein kostbares Gut, neben Tabak eine der gängigen Ersatzwährungen in einem zerstörten Wirtschaftssystem. In Berlin kostete das Kilo Bohnenkaffee – wenn es denn überhaupt zu erhalten war – noch im Januar 1948 rund 850 Reichsmark.[2] Ansonsten musste sich die Bevölkerung mit Kaffee-Ersatz zufrieden geben. Die Versorgung mit dem Kaffeesurrogat funktionierte zwischen 1945 und 1949 in aller Regel recht gut. Der Kaffee-Ersatz wurde über den Länderrat aus den westlichen Besatzungszonen bezogen, der Berliner Industrie blieb die Möglichkeit, selbst Kaffee-Ersatz zu produzieren, vorerst verwehrt.[3] Der offiziell errechnete Bedarf belief sich 1945/46 für Gesamt-Berlin auf monatlich 415 Tonnen. Wenn diese Menge regelmäßig angeliefert werden konnte, war ungefähr die Hälfte des Vorkriegsniveaus pro Kopf der Bevölke-

Café Rendezvous in der Rathausstraße, Ost-Berlin.
Fotografie von Klaus Lehnartz, 1971

rung erreicht. Einzelne Bezirke wie Pankow hatten ihre Warenlager mit Ersatzkaffee so gut gefüllt, dass für mehrere Monate eine hundertprozentige Belieferung mit den auf den Lebensmittelkarten zugestandenen Rationen garantiert werden konnte.[4] Dank der relativ günstigen Versorgungslage bei Ersatzkaffee gelang es dem Haupternährungsamt des Berliner Magistrats, die Rationenmenge auf allen Lebensmittelkarten – von der Stufe I für Schwerarbeiter bis zur Stufe V für Hausfrauen – von 100 Gramm im Mai 1945 auf 150 Gramm im Juli 1946 zu erhöhen.[5] Da Ersatzkaffee für breite Bevölkerungsschichten traditionell das Alltagsgetränk schlechthin darstellte, waren die Einschränkungen hier im Vergleich zu den sonst vorherrschenden Hunger- und Mangelerfahrungen eher gering.

Auch im öffentlichen Raum wurde vor allem Ersatzkaffee ausgeschenkt. Auf einer Sitzung des Berliner Haupternährungsamtes im Januar 1946 wurde beschlossen, *dass Bohnenkaffee und Tee in Gaststätten nicht mehr verkauft werden darf. Die Vorräte sind zu beschlagnahmen*.[6] Selbst das Hotel Excelsior Berlin am Anhalter Bahnhof, das von zahlreichen – meist russischen – Besatzungssoldaten frequentiert wurde, forderte bei der Magistratsabteilung für Ernährung *hauptsächlich für Frühstück und spät abends* lediglich 500 Gramm Ersatzkaffee pro Tag. Die Direktion war sich bewusst, dass Bohnenkaffee auf regulärem Wege nicht zu haben war.[7]

Die Nachkriegsjahre stellten in gewisser Weise keinen Tiefpunkt der „Kaffeekultur" dar, sondern waren Höhe- und Endpunkt der Ersatzkaffee-Kultur. Für die überwiegende Mehrheit der Bevölkerung blieb echter Kaffee traditionell bis in die Nachkriegszeit ein nur zu außerordentlichen Anlässen gereichtes Genussmittel.[8]

Währungsreform, Entspannung der Ernährungslage, Abschaffung des Bewirtschaftungs-
systems in West-Berlin und der Bundesrepublik, sein schrittweiser Abbau in Ost-Berlin und
der DDR, führte keineswegs in den fünfziger Jahren schlagartig zum Siegeszug des Bohnenkaffees. Mit dem Ende der Bewirtschaftung von Bohnenkaffee in West-Berlin ab Juni
1949 brach zwar der Schwarzmarktpreis schlagartig zusammen, aber auch die regulären Ein-
zelhandelspreise von 26 bis 28 Mark für ein Kilogramm einer mittleren Sorte Bohnenkaffee
hielten – bei einem Stundenlohn der im Durchschnitt unter drei Mark lag – viele noch vom
täglichen Kaffeetrinken ab. Der Genuss von Bohnenkaffee blieb in vielen Haushalten auf den
Sonntagnachmittag beschränkt.[9]

Dennoch markierten die fünfziger Jahre den Wendepunkt und die endgültige Scheidelinie
im Konsumverhalten zwischen West und Ost. Nach der deutlichen Senkung der Kaffeesteuer 1953 und im Lauf der Wirtschaftswunder-Jahre wurde für die westdeutschen Konsumenten Kaffee allmählich erschwinglich. Parallel dazu nahmen westdeutsche Kaffeefirmen ihren
Aufschwung. Jacobs-Kaffee in Bremen hatte nach Kriegsende 16 Mitarbeiter, 1960 bereits
1640 Arbeiter und Angestellte. Tchibo (1949 gegründet) wiederum war mit der Marke Goldmokka Marktführer bei Röstkaffees und begann 1955 mit der Eröffnung der ersten Filiale in
Hamburg seinen Aufstieg. Gleichzeitig setzte in beiden deutschen Staaten der Konzentra-
tionsprozess bei den Röstereien ein.[10]

In der DDR hingen Konsummöglichkeiten unmittelbar von politischen und planerischen Vorgaben ab. Die Fixierung auf den Aufbau einer eigenen Schwerindustrie in den fünfziger und
sechziger Jahren des 20. Jahrhunderts führte zur Vernachlässigung des Konsumsektors. Hinzu kam, dass Kaffee wie Südfrüchte gegen Valutawährung importiert werden musste und

*DDR-Kaffeemaschine Moccadur,
um 1960*

die Partei- und Führungsspitze zunächst einmal die Versorgungskrise der Jahre 1961/62 zu überwinden hatte. Auch der Kaffeebedarf konnte im Mai 1960 bereits seit drei Monaten *nicht mehr voll gedeckt*[11] werden. Der Pro-Kopf-Verbrauch an geröstetem Bohnenkaffee stieg daher laut der offiziellen Statistik zwischen 1960 und 1970 auch nur von 1,1 auf 2,2 Kilogramm pro Jahr an. Mit den Entscheidungen auf dem VIII. Parteitag 1971, den Lebensstandard der Bevölkerung zu verbessern, wurde die Konsumgüterindustrie massiv gestützt. Doch diese staatlichen Investitionen, die sich 1975 auf acht Milliarden Mark beliefen, stellten ein Leben auf Pump dar.[12]

Nichts kennzeichnet die unterschiedlichen Konsumwelten besser als zwei „Kaffeekrisen", die Ende der siebziger Jahre die DDR und Anfang der achtziger Jahre die Bundesrepublik „erschütterten". Durch massiv steigende Kaffeepreise musste die DDR statt wie bisher 150 Millionen Valutamark im Jahr 1976 700 Millionen Mark für Kaffeeimporte ausgeben. Es wurde daher beschlossen, nur noch die Marken Rondo und Mona anzubieten, gleichzeitig sollte der Preis deutlich erhöht werden. Ein Mischkaffee mit der Bezeichnung Kaffeemix – im Volksmund Erichs Krönung genannt – sollte die Kaffeevorräte strecken.[13] Ersatzkaffee-Zeiten schienen wieder anzubrechen.

Doch es kam zu einer Protestwelle von Seiten der Bevölkerung,[14] *denn immerhin gehörte Kaffee zu den stärksten Positionen im Haushaltsbudget der DDR-Haushalte. 3,3 Milliarden Mark gaben die DDR-Bürger pro Jahr für den Kaffeekonsum aus, fast ebensoviel wie sie in Möbel und etwa doppelt soviel wie sie in Schuhe investierten.*[15] Dank sinkender Rohkaffeepreise blieben den Konsumenten der DDR weitere Kaffee-Experimente erspart. Doch wie bisher mussten sie hauptsächlich mit den aromaärmeren und koffeinreicheren Robusta-Sorten vorliebnehmen und für ein Pfund Kaffee tief in das Portemonnaie greifen.

Anfang der achtziger Jahre kam es in der Bundesrepublik zu einer Kaufzurückhaltung bei den neu eingeführten 400-Gramm-Packungen der Firma Jacobs, wodurch der steigende Konsum aber nicht berührt wurde.[16]

Die Verbraucher in Ost und West waren bei diesen Kaffeekonflikten in völlig unterschiedlichen Positionen: Die Konsumenten in der DDR sahen sich einer echten Versorgungskrise ausgesetzt, der sie mit Protesten begegneten. Die Konsumenten in der Bundesrepublik reagierten als kritische Verbraucher und misstrauten den Marketingstrategien der Kaffeeunternehmen.

Trotz aller unterschiedlichen Entwicklungen schuf Kaffee auch Verbindendes. Zum einen nahm Kaffee bei den privaten Einfuhren in die DDR ein immer größeres Gewicht ein. Die „Geschenksendung – keine Handelsware" bot den Päckchenempfängern vorübergehend Ersatz für den im eigenen Land gerösteten, teuren Kaffee. Ab 1957 bestand für Bundesbürger die Möglichkeit, über die GENEX-Geschenkdienst GmbH Pakete zu verschicken. Der GENEX-Katalog hielt Vorschläge für Standardpakete für Lebens- und Genussmittel parat, die an erster Stelle stets Röstkaffee mit 500 bis 1000 Gramm auflisteten.[17]

In den siebziger Jahren deckten die Geschenksendungen 18 Prozent des Kaffee-Gesamtverbrauchs der DDR ab. In den späten achtziger Jahren erreichten jährlich rund 25 Millionen Privat- und Genex-Pakete mit durchschnittlich vier Kilogramm Gewicht die DDR-Bürger. Da in den meisten dieser Geschenksendungen die obligatorische Packung Kaffee war, wird der immens hohe Kaffeetransfer zwischen Ost und West deutlich.[18] Gleichzeitig teilte er die Gesellschaft wie bei vielen Konsumgütern in diejenigen mit Verwandtschaft im Westen und diejenigen ohne.

Im Konsumverhalten blieben typisch deutsche Ähnlichkeiten. Kaffee trank und trinkt man zum Frühstück und am Nachmittag. Mit besonderer Liebe und Sorgfalt wurde der Sonntagskaffeetisch gedeckt. Die italienische Variante des Kaffees nach dem Essen beispielsweise konnte sich erst in den letzten Jahren durchsetzen. *Innovative Trendprodukte wie der Espresso (konnten) bisher vor allem erst der Stadtbevölkerung schmackhaft gemacht werden.*[19]

Nach der Wende 1989 konnten sich einige wenige, spezielle DDR-Konsumgüter auf dem Markt behaupten, dazu gehört auch die Kaffeemarke Rondo. Von den sieben Röstereien der DDR im Jahr 1990 gibt es heute nur noch eine. Das Beispiel des Kaffees in Deutschland belegt eindrücklich, dass es sich lohnt, sich von den Schlagworten „Mangelgesellschaft" versus „Überflussgesellschaft" zu lösen und genauer *nach kulturellen Unterschieden zu fragen.*[20] Kaffee in der DDR war zwar vorhanden – aber er schmeckte anders[21] und war viel teurer.

1   Berliner Zeitung, 26. Mai 1946.

2   Berlin in Zahlen 1950, S. 94.

3   47. Magistratssitzung, 23. Februar 1946, in: D. Hanauske (Bearbeiter), Die Sitzungsprotokolle des Magistrats der Stadt Berlin 1945/46. Teil II: 1946, Berlin 1999, S. 200 f.

4   Monatsbericht des Bezirksamt Pankow, Amt für Ernährung und Landwirtschaft, Dezember 1945, Archiv des Panke Museum Berlin-Pankow.

5   Berlin in Zahlen 1947, S. 236. Bis März 1946 konnte sogar vorübergehend je nach Karteneinstufung zwischen 25 und 100 Gramm Bohnenkaffee zugeteilt werden.

6   Protokoll der Sitzung im Haupternährungsamt, 29. Januar 1946, LAB, B-Rep. 209, Acc. 698, Nr. 1549/I.

7   Schreiben vom 17. Oktober 1945, LAB, C-Rep. 113, Nr. 89, Bl. 51–53. Weit wichtiger als Kaffee war sowieso Bier: *Die Belieferung von Bier ist so wichtig wie Fleisch und Kartoffeln.* Man rechnete mit einem Verbrauch von zwei Hektolitern pro Tag.

8   Vgl. W. König, Geschichte der Konsumgesellschaft, Stuttgart 2000, S. 171.

9   Vgl. M. Wildt, Am Beginn der „Konsumgesellschaft". Mangelerfahrung, Lebenshaltung, Wohlstandshoffnung in Westdeutschland in den fünfziger Jahren, Hamburg 1994, S. 104 f.

10 Vgl. M. Pendergrast: Kaffee. Wie eine Bohne die Welt veränderte, Bremen 2001, S. 295 f.

11 Versorgungsbericht vom 16. Mai 1960, zitiert nach I. Merkel, Utopie und Bedürfnis. Die Geschichte der Konsumkultur in der DDR, Köln u. a. 1999, S. 91.

12 G. Schneider, in: R. Eppelmann u. a. (Hg.), Lexikon des DDR-Sozialismus. Das Staats- und Gesellschaftssystem der Deutschen Demokratischen Republik, Paderborn u. a. 1996, S. 376–380, hier S. 377.

13 Vgl. A. Kaminsky: Wohlstand, Schönheit, Glück, Kleine Konsumgeschichte der DDR, München 2001, S. 131 f.

14 Vgl. J. Staadt, Eingaben. Die institutionalisierte Meckerkultur in der DDR, Berlin 1996, S. 40 ff.

15 Kaminsky, Wohlstand … (wie Anm. 13), S. 132.

16 Vgl. Kaffee. Tee. Kakao, Berlin 1984, S. 27 ff., Pendergrast, Kaffee … (wie Anm. 10), S. 395 f.

17 Vgl. Neue Gesellschaft für Bildende Kunst (Hg.), Wunderwirtschaft, DDR-Konsumkultur in den 60er Jahren, Köln u. a. 1996, S. 204 ff., hier S. 225.

18 Pendergrast, Kaffee … (wie Anm. 10), S. 398; Kaminsky, Wohlstand … (wie Anm. 13), S. 158.

19 Kaffee. Tee … (wie Anm. 16), S. 45; Frühstück, Müsli, Kaffee, Quark & Co, Hamburg 1991, S. 69.

20 Merkel, Utopie und Bedürfnis … (wie Anm. 11), S. 11.

21 Es gab ihn nur in wenigen Sorten und in anderer Zusammensetzung.

Friedrich II. soll seinen Kaffee
mit Pfeffer gewürzt haben,
Buchillustration von
Rudolf Schlichter, 1936

ulla heise

philosophen, literaten, künstler und der kaffee

berliner reigen

Friedrich der Große und Voltaire

Nachdem im Siebenjährigen Krieg kursächsische Soldaten sich mit dem Spruch *ohne Gaffee gönn' mr nich gämpfen* geweigert hatten, auf dem Schlachtfeld ihres neuen Befehlshabers zu erscheinen, soll sich der Preußenkönig äußerst abfällig über die unsoldatisch-weichlichen „Kaffeesachsen" geäußert haben, die zudem ihren Kaffee sehr „süße" tranken. Dies war nicht nach seinem Geschmack – er bevorzugte angeblich Pfeffer als Zugabe zum Kaffee.

Von 1750 bis 1753 war der berühmte französische Philosoph Voltaire (1694–1778) – ein leidenschaftlicher Kaffeetrinker – zu Gast in Potsdam gewesen. Zum Zerwürfnis zwischen beiden kommt es allerdings aus anderen Gründen als denen des unterschiedlichen Kaffeegeschmacks. Voltaire muss Preußen verlassen, kann nicht nach Frankreich zurückkehren, geht deshalb ins schweizerische Exil, von wo aus er die europäische Geisteswelt beherrscht. Im Juli/August 1760 wird in Paris eine Komödie unter dem Titel *Le Café, ou l'Ecossaise*[1] aufgeführt, deren Inhalt für Furore sorgt. Man rätselt europaweit, wer sich hinter dem Verfassernamen Hùme verbirgt. So auch in Berlin im Hause Mendelssohn.

Mendelssohn und Lessing

Moses Mendelssohn (1729–1786), seit seinem 14. Lebensjahr in Berlin ansässig, ist mit Gotthold Ephraim Lessing (1729–1781) befreundet, der von Dezember 1748 bis Mai 1760 mit mehrjährigen Unterbrechungen auch in Berlin wohnt. Sie lernen sich 1752 kennen und schätzen, gemeinsam geben sie unter anderem die wichtigen *Briefe, die neueste Literatur betreffend* heraus (1759) und – sie trinken vor allem viel Kaffee miteinander. Mendelssohn schreibt an Lessing: *Das Publikum bestehet noch immer darauf, Voltaire sey der Verfasser des Coffé (Café), so wenig die Anlage des Stückes auch Voltairen ähnlich siehet. Meine Freunde melden mir aus Hamburg, es hätten verschiedenen Kaufleute von da, nach England geschrieben, und die Urschrift verlangt, man hätte ihnen aber geantwortet, es sey kein englisches Stück unter diesem Namen bekannt. Ist das Stück anders von Voltairen; so muss die Luft der republikanischen Freyheit, die er itzt athmet, seine ganze Denkungsart verändert haben … Es sollte mich freuen, wenn Voltaire noch auf der Schwelle des Todes bewiese, dass ein großes Genie nicht alt werden kann, ohne weise zu werden.*[2] Die Voltairesche Café-Komödie kommt im Jahre 1761 auch in Berlin auf die Bühne. In ihr wird übrigens vermutlich zum ersten mal das Kaffeehaus als ein Ort „belauschter" Öffentlichkeit und als Emigrantentreffpunkt literarisch reflektiert.[3]

Wenig Frühlingsblüher im vormärzlichen Berlin

Das Biedermeier erfindet die bürgerliche Wohnkultur als Miniaturausgabe aristokratischer Vorbilder. Aus fürstlichen Porzellankabinetten werden biedermeierliche Glasschränke für die „gute Stube", in dem man sein Kaffeeporzellan „ausstellt". Andenken-, Widmungs- und Geschenktassen haben nach 1815 Hochkonjunktur. Je gemütlicher die bürgerliche Privatwohnung wird, desto dringender stellt sich die „soziale Frage" und desto bedrückender wird von den Literaten die politische Situation und gängelnde Zensur empfunden.

August Heinrich Hoffmann von Fallersleben (1798–1874), hin und wieder zu Gast in Berlin, lässt seine aufmüpfigen Gedichte – auch das vom *Café national* in der Friedrichstraße – gleich unter falscher Flagge segelnd in Hamburg drucken: *Und die Zeitungsblätter rauschen, / Und man liest und liest sich satt, / Um Ideen einzutauschen, / Weil man selbst gar wenig hat.*[4]

Was ihm aber wenig nützt, denn aufgrund der Veröffentlichung der *Unpolitischen Lieder* wird er 1843 aus dem Staatsdienst – er ist Professor für deutsche Sprache und Literatur in Breslau – entlassen. Kritische Gedanken und politische Ideen werden im vormärzlichen Berlin kaum in der Café-Öffentlichkeit ausgebreitet, sondern hinter verschlossenen Türen in privaten Kaffee-Zirkeln diskutiert. Ein solcher ist zu Beispiel der, dessen Mitglieder sich um das Jahr 1838 zum Kaffeter-Bund zusammenschließen: Keine Geringeren als Emanuel Geibel oder Jacob Grimm gehören neben etlichen schriftstellernden Damen (u. a. Gisela von Arnim) bis zu dessen Selbstauflösung dazu: *Geliebte Kaffeologen …Wie ein schöner bunter Kranz versammelte sich während acht Jahren dieser Kaffeter, dieser liebliche Bund der Kaffeeschwestern … viele hielten sich tapfer als Strammgäste … Es wohnte diese Heimlichkeit im Kaffeter bis die Zeitereignisse plötzlich auch diesen Kranz zerrissen, ja die Kaffeologen zerschnitten mit weisem Bedacht ihn eigenhändig, auf das er nicht berührt werde von dem politischen Getriebe.*[5]

Ganz entschieden weiter geht Bettina von Arnim nach der Märzrevolution. *Dies Buch gehört dem König* ist der gewagte Titel ihrer Sicht auf die soziale Situation der immer ärmer werdenden arbeitenden Bevölkerungsschichten im preußischen Staate: *Von 1/2 Lot Kaffee trinken fünf Personen zweimal.*[6]

Cafés in Öl – Pleinair im Interieur

Nach der Reichseinigung im Jahre 1871 wird Berlin die deutsche Reichshauptstadt, die sich innerhalb weniger Jahrzehnte zu einer Großstadt auswächst. Unrast, Eile, Bewegung einerseits – Ruhepol, Treffpunkt, Arbeitsstätte Kaffeehaus andererseits. Poeten dichten naturalistische, später expressionistische Großstadt-Lyrik, moderne Maler pinseln anti-akademische Großstadt-Sujets auf die Leinwände. Die Wahrhaftigkeit der Widerspiegelung des sozialen Milieus gerät um 1900 auf die Tagesordnung der Kunst.

Der Zeitungskorrespondent,
Zeichnung von Theodor Hosemann, 1842

Viele, sehr viele Berliner Künstler, vom Altmeister Adolph Menzel über Max Liebermann, Emil Orlik, Paul Hoeniger bis hin zu Rudolf Schlichter, Hans Baluschek oder Ludwig Meidner haben sich mehr oder weniger intensiv mit dem Großstadt-Café auseinandergesetzt. Heinrich Zille ist der einzige, der die Existenz des proletarischen *Café Filzlaus* in einer Skizze festhält. Und Lesser Ury (1862–1931) – seit 1887 in Berlin ansässig –, ist der einzige von allen, den das Café-Sujet fast 30 Jahre nicht loslässt. Als einer der Wegbereiter des Impressionismus in Deutschland skizziert und malt Ury dutzende von Café-Porträts und hunderte von Kaffeehausszenen.[7] Wie er dies im Jahre 1889 tut, beschreibt ein Kunsthistoriker: *Von dem bunten Treiben der Straße zieht es den Künstler noch in das bunte Treiben des Cafés. Hier macht er neue Studien, Licht- und Luftstudien. Er malt das Café im Winter. Es ist Wintersanfang. Abend. Man späht durch die Scheiben: draußen liegt Schnee, die Bäume glitzern schlossweiß, in den Straßen fahren Droschken. Dieser Straßenausschnitt hat die Farbe der Dämmerung. Aber drinnen im Café beginnt man bereits, die Lampen anzustecken. Man hat sofort das Gefühl, dass man in einem geschlossenen Raum ist, von wo man die Straße beobachten kann. Dieser Kontrast zwischen Innenraum und Straßenluft ist meisterlich gestaltet und ebenso meisterlich ist die rauchige Caféluft gemalt, die an den Fensterscheiben vorüberstreift.*[8]

Dunkle Bohnen in bunten Schachteln

Auf jedem Flohmarkt sind sie heute noch zu haben und in vielen, auch trendig-modernen Szene-Cafés werden sie als Sammelobjekte aufgereiht – die großen und kleinen Blechdosen, in denen dereinst gerösteter Kaffee verschickt und aufbewahrt wurde. Wie in anderen deutschen Städten auch gab es in Berlin dutzende von Kaffeeröstereien und Kaffeespezialhandlungen. Einige von ihnen, zum Beispiel die Firma Zuntz sel. Witwe, engagieren sich auch im Versandgeschäft, d. h. sie verschicken ihren Röstkaffee unter eigenem Namen über die Grenzen Berlins hinaus. Was für den Ersatzkaffee schon Ende des 19. Jahrhunderts üblich ist (Kathreiner wird 1892 in München gegründet) und für den entkoffeinierten Kaffee Hag ab dem Jahre 1905 mit einem rasanten Reklamefeldzug fortgesetzt wird – die Entwicklung zum Markenartikel nämlich –, kommt für den normalen Röstkaffee ab 1900 vorerst recht zögerlich in Gang. Berlins große Warenhäuser ordern der Vielfalt wegen zunehmend gerösteten Kaffee auch direkt aus Bremen oder Hamburg.

Einer von den bremischen Kaufleuten, der sich von Anfang an auf das deutschlandweite Versandgeschäft spezialisiert hat, ist Eduard Schopf, der Mitte der 1920er Jahre die Firma Eduscho gründet. Mit dem Postversand von Röstkaffee in großen und kleinen Mengen und einem ausgeklügelten Weiterverteilsystem vor Ort, das in Großstädten wie Berlin straßenweise organisiert ist, gelangen die Bohnen direkt zum Endverbraucher.

Und was die Surrogatindustrie (Kathreiner, Franck) mit Geschenkdosen vorgemacht hat, findet Nachahmung nicht nur bei Eduscho, sondern in nahezu jeder großen und kleinen Kaffeerösterei Deutschlands: Die mehr oder weniger aufwendig dekorierte Kaffee-Geschenkdose aus Blech gehört in den 1920er und 1930er Jahren zur Standardzugabe, die es bei bestimmten Mengenabnahmen manchmal kostenlos dazu gibt oder die bisweilen gesondert berechnet wird.

Eine kurze Raft -und erfrischt durch den guten

Eduscho -Kaffee

geht es weiter auf
anstrengender, verantwortungsvoller Fahrt.

EDUSCHO KAFFEE-GROSSRÖSTEREI · BREMEN

Werbeanzeige für Eduscho-Kaffee, 1938

Café Deutschland in Berlin

Zehn Jahre vor dem Fall der Mauer fällt dieses Bauwerk in der Kunst – provokativ und eindeutig. Im Jahre 1978 stellt der Maler Jörg Immendorf erstmals sein *Café Deutschland* vor.
Anfänglich sind es Tafelbilder – nach mehreren Jahren ist es ein komplexes, zum Teil als be-
gehbare Räumlichkeit ausgestelltes Environment aus mehr als zwei Dutzend Bildern, Plasti-
ken und Erläuterungsentwürfen. Künstlerische Selbstdarstellung im gesellschaftlichen
Kontext des geteilten Deutschlands wird in dem Werk zur agitatorisch-sozialpolitischen
Metapher schlechthin. Das Anliegen formuliert Jörg Immendorf bei der ersten Ausstellung
im Jahre 1978 in Köln ebenso eindeutig wie es die Zeichen- und Symbolsprache der Bilder
ist: *Café Deutschland. Die Freude am Malen mit dem Wunsch die Mauer zu überwinden –
verbinden.*[9]

Mitte der 1980er Jahre ist das vielteilige Werk ein *Pandämonium deutscher Realität, stell-
vertretend für die Realität der Welt, in der wir leben: zerrissen, widersprüchlich, kontro-
vers. Café Deutschland – Historienmalerei als provokative Affirmation. Gegenwartspolitik
komprimiert in Bildern.*[10] Die Mauer fiel im Jahre 1989 und eines der Bilder vom *Café Deutschland* hängt heute im Amtssitz des Bundespräsidenten in Berlin.

1   Le Café, ou l'Ecossaise, Comédie Par Mr. Hüme, Traduite en Français. Londres 1760.
2   K. Lachmann, Gotthold Ephraim Lessings sämtliche Schriften, Bd. 19, Leipzig 3. Aufl. 1904, S. 167.
3   Deutsche Drucke u. a. Das Caffehaus, Ein rührendes Lustspiel, Übers. v. B. [= J. J. Chr. Bode], Hamburg 1760; Das Kaffee-Haus,
    oder die Schottländerin, Ein neues Schauspiel, Hamburg 1760; Das Caffee-Haus, oder: Die Schottländerin. Ein Lust-Spiel, Berlin,
    Stettin und Leipzig 1761, 2. Aufl. 1766; Das Caffeehaus oder die Schottländerin. Ein Lustspiel. Aufgeführt zu Wien 1761, Wien 1765.
4   Café national, in: August Heinrich Hoffmann von Fallersleben, Unpolitische Lieder, Zweyter Theil, Hamburg 1842, S. 20 f.
5   (Gisela von Arnim), Das Heimelchen, Dämmermährchen von Allerlei Rauh, aus der Familie der Heimeli im blauen Ländchen, 2. Aufl.
    1848 (Zitat aus Vorwort).
6   Bettina von Arnim, Dies Buch gehört dem König, Berlin 1853, S. 560
7   Mehr als die Hälfte des künstlerischen Werkes von Lesser Ury wurde während der Nazizeit vernichtet.
8   A. Donath, Lesser Ury, Seine Stellung in der modernen deutschen Malerei, Berlin 1921, S. 28.
9   Jörg Immendorf, Café Deutschland (Ausstellungskatalog Kunstmuseum Basel), Basel 1979.
10 1945–1985, Kunst in der Bundesrepublik Deutschland (Ausstellungskatalog Staatliche Museen Preußischer Kulturbesitz,
    Nationalgalerie 1985), Berlin 1985, S. 307.

Café Deutschland I.
Gemälde von Jörg Immendorf, 1978

bettina keller

cafés in berlin heute

bildreportage

Café Einstein, Unter den Linden,
Foto von Bettina Keller, 2002

Café Einstein, Kurfürstenstraße

Espresso-Bar L'una, Neue Schönhauser Straße

Way Cup, Schützenstraße

Bar Lounge 808, Oranienburger Straße

Freilichtmuseum Domäne Dahlem, Königin-Luise-Straße

Schwarzenraben, Neue Schönhauser Straße

Café Buchwald, Bartningallee

*Starbucks Hackesche Höfe
in der Rosenthaler Straße*

Operncafé, Unter den Linden

Café im Auswärtigen Amt, Werder Straße

Sowohl als auch, Kollwitzstraße

marion thielebein

die geste
des kaffeetrinkens

zum wandel der heutigen kaffeehauskultur

„Gehen wir einen Kaffee trinken?" Nach den beiden Fragen „Wie spät ist es?" oder „Haben Sie mal Feuer?", die Mann und Frau unverfänglich für eine erste Kontaktaufnahme einsetzen können, ist „Gehen wir einen Kaffee trinken?" zweifelsohne die entscheidende. Mit einem Kaffee fängt fast immer alles an: Eine zufällige Begegnung, aus der einmal Freundschaft oder zumindest ein neues Projekt wird, ein Arbeitsverhältnis oder auch eine Liebesgeschichte. Der gemeinsame Kaffee bildet den Übergang vom Fremdsein zum Bekanntwerden. Mit ihm lässt man sich auf ein Gespräch ein, das mindestens eine halbe Stunde dauert oder zu einer Ewigkeit ausgedehnt werden kann. Überhaupt scheint der Kaffee ein Getränk des „Übergangs" zu sein. Denn auch wer ihn allein trinkt, nimmt ihn in Situationen zu sich, in denen sich Neues ankündigt: der Morgenkaffee als Übergang von Schläfrigkeit zum Muntersein, der Kaffee in der Pause zwischen den Arbeitsphasen oder am Ende eines Essens, schließlich der Kaffee als Übergang vom Alleinsein zu zumindest diffuser Gesellschaft, wie sie mit der Geschäftigkeit im Kaffeehaus gegeben ist. Das Kaffeetrinken – ein kleiner Ritus im Alltagsleben, eine Art und Weise, sich in eine besondere Gestimmtheit zu bringen.

Morena, Wiener Straße in Kreuzberg, Foto von Bettina Keller, 2002

Schon schwieriger ist in einer Stadt wie Berlin die Wahl des Cafés. Sie verrät automatisch einiges über das Lebensgefühl und über den bevorzugten Lebensstil des Kaffeehausbesuchers. Es stehen über 500 Cafés zur Auswahl[1] und im Wochenrhythmus werden weitere eröffnet. Kaffeetrinken ist *in* und es gehört zum *Lifestyle* der *Young Urban Professionals*, täglich in mindestens einer der neu eröffneten Coffeebars[2] vorbei zu schauen.

Auf der Suche nach dem richtigen Ort lautete früher die Frage „Welches Café?" und nicht „Welcher Kaffee?". Ein bestimmtes Café wurde wegen seiner Atmosphäre – oder bei den Konditorei-Cafés ob der guten Torten – aufgesucht. Man ging hin, um stehen, sitzen, reden, flirten, lesen, spielen, schauen, träumen oder schreiben zu können, kurz gesagt, um einen Rahmen vorzufinden, der der momentanen Stimmung entsprach. Doch dies unterliegt seit einigen Jahren einem entscheidenden Wandel: Im globalisierten Stil und mit höchst professionellen Vermarktungsstrategien werden heute Latte Macchiato und Espresso, aromatisierter Macchiato und Frappucino zu einem „Erlebnisangebot" für Gäste, die gelernt haben, sich unter den verschiedenen Anbaugebieten einen Geschmack vorzustellen, und die dem *Barista* an der Espressomaschine genaue Zubereitungswünsche mitteilen können. Mit dem gastronomischen Konzept der amerikanischen Coffeebar scheint ein Weg gefunden, das Kaffeetrinken einer kaufkräftigen und qualitätsbewussten Klientel, die aber nur wenig Zeit für Kaffeepausen erübrigen will, attraktiv zu machen.

Doch bevor noch das eine oder andere Kaffeeangebot locken kann, ist eine viel wichtigere Entscheidung zu treffen – nämlich die der Körperhaltung: Will ich den Kaffee sitzend, stehend oder im Laufen trinken? Das ist in dieser flächendeckenden Form so neu.[3] Denn seit dem 18. Jahrhundert, seit sich die europäische Kaffeehauskultur etabliert hat, sitzt der Gast im Café. Bald hat sich dann eine spezielle Möblierung – lange Bänke, Holzstühle und Marmortische – durchgesetzt,[4] die als Kaffeehausstil bis heute prägend ist. Zur Einrichtung gehörte immer auch eine Uhr, die dem beschäftigten Menschen anzeigte, wie viel Muße er sich noch gönnen konnte und wann ihn seine Termine weiter zu eilen nötigten. Die mit dem Kaffeetrinken verbundene Position des Sitzens war bestimmend für das Verhalten im Raum und mehr noch in der Zeit. Elias Canetti sagt das so:

Die Würde des Sitzens ist ganz besonders in seiner Dauer enthalten. Während man vom Stehenden vielerlei erwartet und die Vielfalt seiner Möglichkeiten zum Respekt vor ihm, vor seiner Regsamkeit und Lebendigkeit, ein Reichliches beiträgt, erwartet man vom Sitzenden, dass er sitzen bleibt. Der Druck, den er ausübt, befestigt sein Ansehen, und um so länger er ihn ausübt, um so sicherer scheint er. Es gibt kaum eine menschliche Institution, die sich diese Qualität des Sitzens nicht zunutze macht; die es nicht zu ihrer Bewahrung und Befestigung verwendet.[5]

Das „Sitzen" also gibt den Individualisten und Literaten, den in der Wortbedeutung oder im übertragenen Sinn stets oder nur temporär *Unbehausten*,[6] einen Ort, den sie als sozialen Rahmen nutzen. Während Hermann Kesten den Müßiggang der andern geradezu für die eigene Schreibarbeit brauchte,[7] verteidigt Alfred Polgar das Café als Lebensform für alle *Menschen ohne Schwerpunkt*, denen es ein Ort ist:

Wie angenehm ist es, im Café zu lesen, zu schreiben, zu träumen! Zu Hause erträgt man die Stille nicht, weil sie eine saugende Wirkung aufs Gehirn übt und die Nerven zu den wildesten Tänzen aufreizt. Zu Hause verträgt man den Lärm auch nicht, weil er etwas Per-

Eröffnung des Starbucks coffee house in den Hackeschen Höfen in Berlin.
Foto von Bettina Keller, 2002

sönlich-Feindseliges hat, weil man sich von allen Geräuschen direkt angeschossen fühlt. Aber der Kaffeehauslärm in seiner vagen Zusammensetzung, in seinem neutralen Farbengemisch und seiner unpersönlich-monotonen Art wirkt wie ein Abzugskanal aller Nervositäten. Bei einiger Technik schafft man sich mitten im Lärm eine Zone der Stille, in der es sich so angenehm lesen, schreiben und träumen lässt.[8]

Aber auch wer nicht schreibt, genießt am Café, dass man sich im Geplauder der Nebentische verlieren kann, einen Freiraum vom Alltag findet, vielleicht über den einen oder anderen Gesprächsfetzen stolpert oder über eine Beobachtung, die die eigenen Gedankenbahnen zu kreativer Reibung veranlasst. Ein solches geistiges Refugium bildet sicher das Café Einstein mit seinen beiden Filialen in der Kurfürstenstraße und Unter den Linden, die Wiener Nonchalance verströmen; auch das Sale e Tabacchi in der Kochstraße oder das Sowohl als Auch in der Kollwitzstraße sind Cafés dieser Art, in denen die Möglichkeit besteht, sich im persönlichen Ritual des Kaffeetrinkens *auszuleben*.[9]

Dann kommen die ganz anders gearteten Kaffeebars, die vor allem in der nach 1989 neu auflebenden historischen Mitte Berlins wie Pilze aus dem Boden schießen. Sie, die sich am italienischen Modell der Espressobar orientieren, in der man mehrmals am Tag, aber stets nur

„auf einen Sprung" einkehrt, ein Panino isst, einen Doppio oder Lungo nimmt, waren die ersten Versorgungsstätten all jener jungen Kreativen, die nach der Wende im östlichen Teil der Stadt modernste urbane Lebensgewohnheiten eingeführt haben. Eine der angenehmsten Bars dieser Art, ist die Espressobar L'una in der Nähe des Hackeschen Marktes. In diesen einfach eingerichteten Bars, denen der Charakter des Improvisierten anhaftet, gibt es bestenfalls einige Barhocker, auf die man sich zum Zeitunglesen setzen kann. Ansonsten trinkt man an Stehtischen, trifft zufällig Nachbarn oder plaudert mit dem Besitzer, während die Panini frisch zubereitet werden; wer häufiger kommt, gehört dazu.

Seit einigen Jahren gibt es in Berlin neben den beiden Einstein-Filialen zusätzlich die Kette Einstein-Kaffee. Will man den zahlreichen in den letzten drei Jahren eröffneten Kaffeebar-Ketten glauben, so scheint es ein Großteil der kaffeetrinkenden Stadtbewohner inzwischen vorzuziehen, Espresso oder Latte Macchiato im Stehen oder gar im *Coffee-to-go*-Verfahren zu trinken. Kaffee markiert nicht mehr den Übergang von einer Tätigkeit zur anderen, sondern wird selbst zur Passage. Jenseits der Annahme, es handele sich hierbei um ein geschicktes Produktplacement, dessen Motor die einfache Überlegung ist, dass sich mit hochpreisigen Kaffeevarianten in Ballungsgebieten Geld verdienen lässt,[10] wird deutlich, dass sich in dieser Form des Kaffeegenusses ein insgesamt beschleunigtes Lebensgefühl bemerkbar macht: Der Typus Coffeebar zeigt Veränderungen der Gesellschaft wie in einem Vergrößerungsglas. Zeit ist knapp – und deshalb muss sie qualitativ hochwertig verbracht werden. Im Stehen gelingt es, sich schnell wieder zu entfernen, und selbst wer in den vereinzelten Fauteuils sitzt, frönt eher der Geste des „Sich-Gehenlassens" denn des „Sich-Auslebens"[11]: *Der Gast kann jederzeit und ohne viel Umstände weggehen. Eine geringe und unauffällige Bewegung erlaubt ihm, sich von den anderen zu lösen.*[12]

Einstein Kaffee unterhält mittlerweile acht Bars in der Stadt, in denen selbstgerösteter Kaffee angeboten wird. World Coffee, Balzac Coffee, neuerdings auch die größte Kette unter den amerikanischen Coffebars Starbucks sind jeweils mit mehreren Filialen vertreten. Sie bieten dem Besucher eine in jeder Form individualisierte Wahl: Nicht nur die Kaffeebohne selbst und ihre Zubereitungsart ist variabel, sondern auch zwischen Portionsgröße und Temperatur und sogar zwischen Henkeltasse, Plastik- oder dem Pappbecher mit Deckel kann gewählt werden. Dass *der moderne Geist ein mehr und mehr rechnender geworden ist,* wie der Philosoph Georg Simmel festgestellt hat,[13] scheint in den vielfältigen Entscheidungsmöglichkeiten bestätigt, die in einem ansonsten streng normierten Gastronomiekonzept angeboten werden.

Raum für ein individuelles Kaffeeritual, für eine *Geste des Kaffeetrinkens,* wie sie Vilém Flusser[14] verstehen würde, ist hier nicht vorgesehen. Sie kann sich allerdings ereignen: Gelungen ist solch ein gestisches *Sich-Ausleben* bislang einem Starbucks-Fan, dessen Extremhobby, jeden der Starbucks-Läden zu besuchen und zu fotografieren[15], die vorgesehenen Normierungen kreativ unterläuft.

1   Zur Vielfalt der Cafés und Kaffeehaustypen siehe den Beitrag von Peter Lummel sowie die Fotoreportage von Bettina Keller in
    diesem Band.
2   Zur ausführlichen Beschreibung und Einschätzung der Arbeitsweisen amerikanischer Coffeebars siehe: U. Spiekermann,
    in: E. Dietrich / R. Rossfeld (Hg.), Am Limit, Kaffeegenuss als Grenzerfahrung, Zürich 2002, S. 106–119.
3   Für den schnellen Kaffee zwischendurch gibt es seit den fünfziger Jahren die Kaffeebars von Tchibo und Eduscho, doch haben sie
    sich in den achtziger Jahren eher zu Multistores entwickelt und werden nicht als amerikanische Coffeebar wahrgenommen.
4   U. Heise, Kaffee und Kaffeehaus, Die Geschichte des Kaffees, Frankfurt / Main 2002, S. 170 f.
5   E. Canetti,, Masse und Macht, Frankfurt / Main 2001 (27. Auflg.), S. 462.
6   U. Heise: Kaffee und Kaffeehaus … (wie Anm. 4), S. 261.
7   H. Kesten, Dichter im Café, Wien u. a. 1959, S. 10. Im Café betrog ich den Müßiggang der andern mit meiner Arbeit … Die gleichen
    Autos fuhren an mir und meinen Figuren vorüber. Wenn das Liebespaar in meinem Roman verstummte, begann das Liebespaar am
    Nebentisch zu reden.
8   A. Polgar: Bewegung ist alles. Novellen und Skizzen, Frankfurt / Main 1909, S. 115 und 117.
9   Der Philosoph Vilém Flusser hat auf der Suche nach einer Phänomenologie der Geste, die hier nicht näher erläutert werden kann,
    die Geste des Pfeifenrauchens untersucht. Zwar ist Flusser nicht auf das Kaffeetrinken eingegangen, doch scheint es der profanen
    und stereotypen Geste des Pfeifenrauchens, die jemand zu seinem Vergnügen unternimmt und um sich in eine Gestimmtheit zu
    versetzen, vergleichbar. Flusser beschreibt mit Ausleben, die eigene, ganz spezifische und mit keiner anderen vergleichbare Existenz
    aus sich selbst hinaus zu projizieren. Er setzt den Begriff „sich ausleben" gegen ein „sich gehen lassen" ab. Wenn man sich auslebt,
    erkennt man sich gleichsam von außen und gewinnt sich dadurch, denn dann vollführt man für einen Moment selbst spezifische
    Gesten. Vilém Flusser, Gesten, Versuch einer Phänomenologie, Frankfurt / Main 1995, S. 160–182, besonders: S. 173.
10 Spiekermann, Limit … (wie Anm. 2) S. 111.
11 Flusser, Gesten … (wie Anm. 9), S. 173
12 Canetti, Masse und Macht … (wie Anm. 5), S. 461.
13 G. Simmel, in: Ders.: Soziologische Ästhetik, hg. v. Klaus Lichtblau, Darmstadt 1998, S. 122.
14 Flusser, Gesten … (siehe Anm. 9)
15 John Winter Smith Starbucks-Besuche sind unter www.starbuckseverywhere.net weltweit zu verfolgen.

chronologie

der berliner kaffeegeschichte

1675	Am Berliner Hofe des großen Kurfürsten Friedrich Wilhelm kostet man erstmals Kaffee als eine Kuriosität.
1685	Der Leibarzt des Kurfürsten empfiehlt diesem den Genuss von Kastanien- und Getreidekaffee als gesündere Alternative zum Bohnenkaffee.
1704	In Preußen wird eine Konsumsteuer für Kaffee, Tee und Schokolade eingeführt.
1722	Das erste Berliner Kaffeehaus wird im vormaligen Lustgarten gebaut und der holländische Cafétier Monsieur Olivier aus Den Haag als Betreiber angeworben.
1750	In Berlin hat sich das Kaffeetrinken auch in der einfachen Bevölkerung durchgesetzt. Kaffee ist noch sehr teuer und wird daher in großen Mengen in die Stadt geschmuggelt.
1756	In Preußen unter Friedrich dem Großen und in vielen anderen europäischen Staaten versucht man durch Repressalien, den Kaffeekonsum einzudämmen. Durch den Hofgärtner Johann Timme wird erstmals in Deutschland die Zichorie als Grundstoff für Ersatzkaffee propagiert.
1766	Die so genannte Kaffeeregie wird eingeführt, die als Steuerbehörde mit rüden Methoden die ordnungsgemäße Abgabe der Kaffeesteuer (150 Prozent des Produktpreises) überwacht.
1769	In Berlin gibt es 13 Kaffeehäuser.

Kaffeetafel im Forsthaus Templin. Foto um 1930

1770	Ein Jahr nach Gründung der ersten Fabrik zur Herstellung von Zichorienkaffee in Braunschweig wird in Berlin zum selbigen Zweck die Königl. Preuß. Caffé-Fabrique eingerichtet. Staatlich gefördert, wird Zichorienkaffee rasch als „preußischer" Kaffee sehr beliebt.
1781	Ein preußisches Staatsmonopol auf das Kaffeerösten wird eingeführt. Kaffeeriecher durchsuchen Wohnungen nach privat geröstetem Kaffee.
1787	Eines der ersten Gesetze des neuen Regenten Friedrich Wilhelm II. schafft zum 1. Juni das preußische Kaffeeröstmonopol und die Kaffeeriecher ab.
1806	Durch die napoleonische Kontinentalsperre wird Bohnenkaffee trotz intensiven Schmuggels sehr teuer. Immer mehr Menschen trinken daher Surrogatkaffee.
1812	Die preußischen Reformen ermöglichen nun auch den Kaffeeausschank in Konditoreien.
1815	Andenken-, Widmungs- und Geschenktassen haben erstmals Hochkonjunktur.
1818	Die erste Lesekonditorei wird durch den Schweizer Zuckerbäcker Giovanoli in der Charlottenstraße eröffnet.
1825	Eröffnung der Hofkonditorei Kranzler Unter den Linden.
1830	In Berlin gibt es bereits rund 100 Kaffeehäuser.
1833	Kranzler lässt unter Protest der Polizei Berlins erste Cáféterrasse bauen.
1848	Karl Marx, Friedrich Engels, Michael Bakunin, Max Stirner und andere Querdenker gehören in den Jahren vor 1848 zu den Stammgästen der Lesekonditorei Stehely.
1850	Pro Kopf und Jahr werden in Deutschland etwa 700 Gramm Rohkaffee konsumiert.
1878	Mit dem Café Bauer erobern die prachtvoll eingerichteten Kaffeehäuser nach Wiener Vorbild die Stadt. Frauen können sich nun auch ohne männliche Begleitung in den Damenzimmern vieler Cafés aufhalten.
1880	Der Aufschwung Berlins zur Metropole offenbart sich in der Entwicklung weltstädtischer Cafés. Zur selben Zeit öffnet die erste von Mäßigkeitsvereinen betriebene Kaffeehalle für die einfache Bevölkerung ihre Tore.
1882	Der Pro-Kopf-Verbrauch an Rohkaffee liegt in Deutschland nun bei über 1,6 Kilogramm im Jahr.
1884	Als erstes Berliner Lokal führt das Café Bauer elektrische Beleuchtung ein.
1889	Erwin Minlos gründet in Berlin die Volkskaffee- und Speisehallengesellschaft.
1890	Erste Kaffeehäuser am Kurfürstendamm entstehen. Musikalische Unterhaltungsprogramme ziehen in die Berliner Cafés ein.
1892	Das schlossartig repräsentative Café Ronacher bietet 1000 Sitzplätze. Zur gleichen Zeit werden Aschinger Bierhallen und wenig später auch Großkonditoreien gegründet. Sie verbinden Luxusausstattung mit günstigen Preisen.
1893	Das Café des Westens, in dem sich bald die Künstlerwelt und Boheme trifft, wird eröffnet.

1895	Im Café Friedrichshof beginnt die Mode, Zigeunergruppen in Unterhaltungsprogrammen auftreten zu lassen.
1900	Viele Berliner Cafés ahmen den Luxus der Aschinger Cafés nach.
1901	Eröffnung des Romanischen Cafés gegenüber der Gedächtniskirche, das bald zum bedeutendsten Künstlercafé in Deutschland wird.
1907	Pro Kopf und Jahr werden in Deutschland zwei Kilogramm Rohkaffee konsumiert.
1908	Laut einer Umfrage gibt es in Berlin 300 Cafés mit einem geschätzten Umsatzvolumen von 19 300 000 Reichsmark. Eine Tasse Kaffee kostet zwischen 5 Pfennig (Volkskaffeehallen, Kantinen) und 35 Pfennig (vornehme Wiener Cafés, Musikcafés). Aschinger eröffnet das erste Großcafé im Westen der Stadt.
1912	Mit 2 500 Sitzplätzen wird das Café Picadilly am Postdamer Platz als größtes Café Berlins eröffnet.
1914	Mit dem Ersten Weltkrieg geht der Kaffeekonsum extrem zurück und erreicht erst fast 20 Jahre später wieder das Vorkriegsniveau.
1924	Das Café Bauer wird geschlossen.
1925	Berühmte Musikcafés der zwanziger Jahre sind das Café Moritzplatz, das Café Europa und das Café Vaterland.
1928	In Berlin befinden sich inzwischen rund 550 Cafés, die meisten davon in den westlichen Bezirken.
1932	Das Kranzler eröffnet eine Filiale am Kurfürstendamm.
1933	Durch die Machtübernahme der Nationalsozialisten wird die Kaffeehauskultur ärmer, da politische Gegner, Juden und Freigeister aus dem öffentlichen Leben ausgeschlossen werden.
1936	Die Olympischen Spiele bescheren den Cafés hohe Umsatzzuwächse.
1938	In den Aschinger Großcafés werden pro Jahr 208 000 Kilogramm Bohnenkaffee konsumiert.
1942	Die Gäste bei Aschinger erhalten keinen Bohnenkaffee mehr, akzeptieren aber auch keinen Ersatzkaffee, von dem in diesem Jahr nur 8 000 Kilogramm verbraucht werden.
1945	Viele Cafés sind bei Kriegsende unwiderruflich zerstört. Die Berliner trinken gezwungenermaßen vor allem Ersatzkaffee. Die wieder aufgebauten Cafés dienen in erster Linie der Grundversorgung der Bevölkerung mit Speisen.
1946	Allen Inhabern von Lebensmittelkarten stehen pro Monat 150 Gramm Ersatzkaffee zu.
1948	Der Schwarzmarktpreis für ein Kilogramm Bohnenkaffee in Berlin beträgt rund 850 Reichsmark.
1949	Nach der Währungsreform kostet ein Kilogramm Bohnenkaffee auf dem Schwarzmarkt in West-Berlin nur noch 36 DM.
1951	Die Kaffee-Rationierung in Ost-Berlin wird aufgehoben.

1955	Erstmals wird in Deutschland genauso viel Bohnenkaffee wie Surrogatkaffee verbraucht. Infolge des einsetzenden dramatischen Preisverfalls von Bohnenkaffee wird der Kaffeeersatz in den Folgejahren jedoch nahezu bedeutungslos.
1958	West-Berlin: Das Café Kranzler wird auf dem Victoriaareal am Kurfürstendamm wiedereröffnet. Ost-Berlin: Lebensmittelkarten werden abgeschafft.
1960	Erste moderne Cafés wie italienische Eiscafés, Stehcafés, Kaffeebars entstehen in West-Berlin.
1963	Das Operncafé im wiederaufgebauten historischen Gebäude Unter den Linden wird eröffnet.
1968	In West-Berlin gibt es rund 110 Cafés und 46 Eisdielen mit Kaffeeausschank.
1969	In Ost-Berlin eröffnet das Telecafé im Fernsehturm in über 200 Meter Höhe.
1970	West-Berlins Traditionscafés verlieren immer mehr an Bedeutung.
1976	Ost-Berlin: Im Palast der Republik werden im ersten Obergeschoss das Espresso, die Mokkabar und die Milchbar eröffnet.
1977	Beschluss des SED-Politbüros: An Gaststätten und Großverbraucher wird nur noch Kaffeemix (51 Prozent Kaffee /49 Prozent Surrogat) abgegeben.
1978	Jörg Immendorf malt sein *Café Deutschland* und thematisiert damit die Überwindung der Berliner Mauer.
1980	West-Berlin besitzt für ein junges, alternatives Publikum eine in der Bundesrepublik einzigartige Vielfalt an Cafés.
1990	Unmittelbar nach dem Fall der Mauer präsentiert sich die Kaffeehauskultur in Ost- und West-Berlin noch extrem unterschiedlich.
1994	Die New Yorkerin Cynthia Barcomi eröffnet in der Kreuzberger Bergmannstraße Berlins ersten Coffeeshop im New Yorker Stil mit hauseigener Rösterei und amerikanischen Kaffee- und Gebäck-Spezialitäten.
2000	Das vereinte Berlin entwickelt sich zur Caféhauptstadt Deutschlands. Kleinsträstereien erfahren eine Renaissance und eine große Zahl an Coffeeshops wird neu gegründet.
2002	Von rund 400 Coffeeshops in Deutschland befinden sich über 60 in Berlin.
2002/2003	Im Freilichtmuseum Domäne Dahlem wird die erste umfassende Ausstellung zur Berliner Kulturgeschichte des Kaffees gezeigt.

abbildungsnachweis

Bildarchiv Preußischer Kulturbesitz, Berlin: *13, 31, 33, 37, 44, 45, 63, 114, 119*; Bröhan-Museum, Berlin: *34, 43*; Brücke-Museum, Berlin: *46*; Concordia. Zeitschrift für Volkswohlfahrt 10 (1903), S. 148: *53*; Deutsches Historisches Museum, Berlin: *17, 66*; Die Freiwilligen Sozialen Fürsorge- und Wohlfahrtseinrichtungen in Gewerbe, Handel und Industrie im Deutschen Reiche (1913), S. 196: *72*; Dokumentationszentrum DDR-Kultur, Eisenhüttenstadt: *78*; Johann Sigismund Elsholtz: Diaeticon. 1682, Nachdruck von 1984, S. 327: *14*; Geheimes Staatsarchiv Preußischer Kulturbesitz: *16, 19*; Kantine und Großküche. Berliner Werkküche & Gastronomie 11 (1965), S. 3: *57*; Landesarchiv Berlin: *Titelbild, 8, 24, 36, 80*; Sammlung Ludwig Aachen/Galerie Michael Werner, Köln/New York: *91*; Sammlung Eduscho Bremen/Hamburg: *12, 51, 67, 84, 87, 89*; Siemens-Archiv, München: *48*; SMBPK Kunstbibliothek: *10*; SMPBK Museum Europäischer Kulturen, Berlin: *68*; Stiftung Preußische Schlösser und Gärten Berlin-Brandenburg, Potsdam: *18*; Stiftung Stadtmuseum Berlin: *2, 11, 20, 27, 29, 30, 40, 42, 50, 52, 54, 60, 62, 64, 65, 70, 71, 74, 81*; Stiftung Stadtmuseum Berlin/Bettina Keller: *26, 75, 92–108, 111*

Kaffeeklatsch auf dem Balkon, 1928

die autoren

Keith R. Allen, geb. 1967 in den USA, studierte Geschichte und Volkswirtschaft. Museums- und Forschungstätigkeiten in den USA und Deutschland. Letzte Buchpublikation *Hungrige Metropole: Essen, Wohlfahrt und Kommerz in Berlin* (Hamburg 2002).

Bettina Biedermann, geb. 1960 in Witten, Studium der Volkskunde, Literaturwissenschaft und Sozial- u. Wirtschaftsgeschichte in Hamburg, seit 1986 wissenschaftliche Mitarbeiterin an verschiedenen Museen.

Ulla Heise, geb. 1946 in Regis-Breitungen, freiberufliche Autorin und Ausstellungs-Kuratorin. Ihre Publikationen zur Geschichte des Kaffees und der Gastronomie wurden u. a. ins Amerikanische, Französische, Türkische und Japanische übersetzt.

Bettina Keller, geb. 1960 in Bremen, Ausbildung in einem Portraitstudio und an der Hochschule der Künste in Berlin, lebt als freie Fotografin in Berlin.

Susanne Keunecke, geb. 1958 in Heiligendorf, Niedersachsen, Diplom-Soziologin, Studium der Fächer Soziologie, Geschichte, Psychologie und Politologie in Berlin und Paris, Museums- und Forschungstätigkeiten, arbeitet derzeit als freie wissenschaftliche Mitarbeiterin.

Peter Lummel, geb. 1961 in Schweinfurt. Studierte in Würzburg, Heidelberg und Urbino/ Italien Geschichte und Klassische Archäologie. Arbeitet seit 1990 als Museumswissenschaftler und -pädagoge in Kassel und Berlin. Leiter des Freilichtmuseums Domäne Dahlem.

Joachim Mähnert, geb. 1967 in Berlin, Chemiker und Historiker, wiss. Mitarbeiter des Freilichtmuseums Domäne Dahlem. Ausstellungen und Veröffentlichungen zur Geschichte der Ernährung zuletzt die Multimediashow *Essen früher und heute*.

Jürgen Schmidt, geb. 1963 in Würzburg, Historiker, Studium der Geschichte, Politikwissenschaft und Germanistik in Heidelberg, Innsbruck, Berlin. Ausstellungen und Veröffentlichungen zur Ernährungs- und Sozialgeschichte des 19. und 20. Jahrhunderts.

Marion Thielebein, geb. 1961 in Helmstedt, Studium der Kunstgeschichte, Literatur und Linguistik in München und Berlin. Arbeitet als Journalistin und Kuratorin mit Schwerpunkt zeitgenössische Kunst und Architektur, u. a. seit 1999 freiberuflich für die FAZ.

Ulrike Thoms, geb. 1962 in Holtwick, Wirtschafts- und Sozialhistorikerin. Diverse Publikationen vor allem zur Körper- und Ernährungsgeschichte, derzeit Tätigkeit im Forschungsprojekt *Expertise und Öffentlichkeit* am Institut für Geschichte der Medizin, Berlin.